改訂新版

How the Small Shop Keeps Making Money

リピート率90%超！

あの小さなお店が儲かり続ける理由

中谷嘉孝
Yoshitaka Nakatani

CROSSMEDIA PUBLISHING

Reverse Aging Salon
Reverse Aging Salon
INTERNATIONAL
INTERNATIONAL
完全会員制

はじめに　～リピート率90%超！　お客に愛されるお店のつくり方～

【鍵がないと入れないヘアサロン】が、東京ディズニーリゾートのお膝元、千葉県の浦安市にあることをあなたはご存じだろうか？

かつてそのお店は「会員客の紹介」でしか利用することができなかった。

申し訳ない。「かつて」と過去形を使ってしまったがゆえに「それじゃあ今は紹介なしでも入れるのか」と、思わせてしまったかもしれない。

その逆である。

今では「会員客の紹介でさえお断り」せざるを得ない状況となっている。

そうしないと、肝心な会員客の予約ですら思うように入れられない。そんな事態に、店のスタッフたちは皆、変なストレスに苛まれてしまっている。

流行りのウェブマーケティングなど、一切やっていない。

一応、お店のホームページぐらいは存在するが、このウェブマーケ全盛の時代に、もう十数年来、集客のために掛ける労力、広告宣伝費はゼロに等しい。

しかし、というのに、翌月の予約はもちろん、3カ月先、半年先まで予約が埋まっていく。それどころか、今この原稿を書いている2024年3月の時点で、年末の予約の半分近くが既に埋まり始めている。

お店のスタッフたちは皆、早春の段階で年末の勤務スケジュールまで決定され、うかうか風邪を引くことすら許されない。


では何故そんな状況へと陥ってしまったのか?

それはあろうことか、長いあいだ世界中を苦しめ続けてきたコロナ禍のせい……と言ったら、皆さんは耳を疑うだろうか。


その店の名は、Le.Patch INTERNATIONAL。

本来ヘアサロンは、来るものを拒まない業態である。

だが、僕の経営するこの店は、長らく完全会員制として運営してきた。扉に鍵をかけ、お客を選別し続けてきたがゆえに、会員客が安心して寛げる場所を提供し続けることができたわけだ。

わがままを言うお客もいなければ、横柄なお客もいない。自店が求めるお客と自店に集まるお客の理想と現実とのギャップに悶々とさせられることも一切なく、まさにお店にとってもお客にとっても、自分らしく自然体でいられる理想の空間。

大幅な遅刻やドタキャンをするお客など当然いない。けれども万が一、自分がコロナに感染したり、感染者との濃厚接触の疑いが生じた際には、お店や他の会員客に迷惑を掛けぬよう、安くないキャンセル料を払ってまでも自ら潔くドタキャンしてくれる。この空間は、そんな成熟した大人たちの関係性のもとに成り立っているのである。

ところが、これが他のサロンとなればそうはいかない。Instagramやクーポンサイトの集客等で不特定多数の新規客が行き来する店内。事務的な体温チェックぐらいはあるのかもしれないが、それでも目に見えない細菌やウイルスなど、持ち込み放題&テイクアウト自由である。

もしも、自分の大切なパートナーや家族が、そのような無法地帯へ通っていたとしたなら、心配にならないだろうか。いや、事実そうなった。「次は娘も一緒にお願いできるかしら?」「今度、うちの家内もよろしく頼むよ!」という依頼が、うちのサロンに相次ぐ事態となったのだ。

そんなこんなで、妻に内緒で、あるいは夫に内緒で自分時間を満喫する隠れ家のはずだった我がサロンは、いつしか大切な家族とともに逃げ込むシェルタールームへと変貌を遂げていたのである。

新型コロナ襲来のお陰で(と書くと叱られそうだが)、会員制ビジネスの新たなポテンシャルが目に見える形で浮き彫りになったと言っても、決して過言ではないだろう。

僕は経営コンサルタントでもビジネス作家でもない。日夜、サロンという現場に立っているただの髪切り職人である。

それでもまぁ、若気の至りから飲食業やエステ事業、不動産賃貸業など、いくつかの事業を軌道に乗せてきたその経験から、およそ11年前に生まれて初めてとなる本を書いた。

本書は、その処女作『リピート率90%超! あの小さなお店が儲かり続ける理由』の改訂新版である。

無我夢中&暗中模索状態で書き下ろした処女作が、今なお最新作をもしのぐ勢いで売れ続けてくれているお陰で、光栄なことに出版社の社長直々に改訂新版のオファーを受けた。改訂作業に取り掛かる直前までは「まるっと書き換えてやる!」ぐらいの入れ込み具合で、ギラギラ闘志をたぎらせていた。が、改めて読み返してみると、面白いことに変更したいと思う箇所がほとんどない。

要するに、商売の真理とはそれほどシンプルであり、10年以上という決して短くはない年月が流れても、その本質は色褪せないものなのである。

何はともあれ、若き日の僕の経験や体験が、令和の世にも十分に通用しうる不変の法則であるとするのなら、次代を担う若き経営者たちにもぜひとも読んでもらいたい。そんな想いから、古い事例を今の人たちにも感情移入してもらいやすいカタチへとアップデートし、この改訂新版の発売に到った。

11年経ち、本書に印刷された語句や表現は変わっても、僕の想いは、あの頃と何一つ変わっていない。むしろ以前と比べて、この想いを後進に伝えたいと願う気持ちは増し続けているようにも思う。

第1章と第2章では、独立当初の僕の経験や失敗談をもとに、小手先のマーケティングテクニックの効果測定と、その落とし穴について詳しく解説していく。

「今から何十年前の失敗談なんだ？」と笑い飛ばすのは簡単だが、時代が移り変わり、流行り廃りが激しかろうとも、人はいつだって同じところで油断し、つまづくものだ。判で押したように勘違いをし、マンガのように落とし穴に落ちる。この第1章と第2章が、転ばぬ先の杖になるものと信じている。

今回新たに書き下ろし、本編に組み込ませてもらった第3章では、今の時代、完全に主流となったSNSをはじめとするウェブマーケティングについて言及する。

本書の原作を世に問うた2013年の時点では、(ある程度の予想はついていたものの)ここまで急速に、また確実に、僕たちの暮らしやビジネスに浸透・定着するとは思っていなかったSNS。これらが持つ利用価値とそれが生み出す弊害、その根深い問題点について鋭くメスを入れていく。

いよいよ第4章から第6章までは、マーケティング、ブランディング、さらにはブルーオーシャン戦略の本質を、猿にもわかるぐらいわかりやすく炙り出していく。すぐにでも真似していただきたい成功事例はもちろん、エグい失敗事例などもさらけ出している。皆さんには、いろいろな角度から理解を深めてもらいたい。

そして第7章から最終章では、「理想のビジネスとは何ぞや」という最大のテーマに立ち向かい、その答えを一緒に探っていく。

もし今あなたが抱えているビジネスに、たった1ミリでも迷いや不安要素が巣食っているなら、本書のトリを飾る後半の章は、きっとあなたにとって絶好の福音となることだろう。

あなたに芽生えた小さな勇気を「確信」に変えるお手伝いができたなら、著者としてこれに勝る喜びはない。

第3章
なぜ、SNSで発信してもお客は増えないのか

第4章
集客するな！　価値を売れ！

第5章 なぜ、理想のお店には物語があるのか

第6章 戦わずに勝つ経営

第7章 勝利をつかむ方程式

第8章 我慢しない経営

第1章

なぜ、
あなたのお店は
儲からないのか

「お前にはまだ、おっちゃんのひげは剃らさんけん」

当時、理美容学校に入学したばかりの僕に、伯父は穏やかに微笑みながらそう言った。

その10年後、技術コンクールで全国優勝し、日本一の肩書きをしょった僕が得意げに「もうぼちぼちおっちゃんのひげ剃れるで」と茶化して言うと、伯父は照れくさそうに笑いながら、「おっちゃんは、普通の散髪屋が好きや」と呟き、コップ酒をグビリとあおった。

僕は瀬戸内海に浮かんだ、とある小さな島に生を享けた。幼い頃に両親が離婚し、母の実家で育った僕の親父代わりをいつも務めてくれたのが、この伯父だった。伯父にとっての僕は、紛れもなく息子のように愛した甥っ子であり、また、僕にとっての伯父は、実の父親以上に愛しい存在である。

その伯父がもう十数年前になるが、末期ガンに倒れ、約1年の闘病生活を気丈に闘い抜いた末に、その夏、静かに息を引き取った。

最愛の妻に看取られながら穏やかに人生の幕を閉じ、母なる故郷の土に還った伯父。幼い頃、

「おっちゃんのヒゲ、ザラザラやなぁ」と、じゃれて親しんだ愛しい伯父の顔に、僕はとうとう最期まで、かみそりを当てることはなかった。

15才で故郷を後にし、好奇心に振り回されて飛び込んだヘア業界。美に携わる仕事でありながらファッション性の欠片もなかった内情に驚愕し、温故知新の恩さえ忘れて、いつしかヘアビジネスの未来がどうのこうのと偉そうにウンチクをたれていた僕。

そして昔ながらの散髪屋を、くつろぎの場としてこよなく愛した伯父の価値観。

かみ合うはずもないことは、火を見るよりも明らかな話だった。今思えば、無意識に伯父は察していたのかもしれない。

最愛の伯父が教えてくれたもの。遅すぎるかもしれないが、僕は、今頃になってやっと気づいた。

不易流行。

どんなに時代が流れても、その速度が増そうが遅くなろうが、モノゴトの真理は変わらない。

How the Small Shop Keeps Making Money

見せ掛けの成功

「中谷君、この店やってみない？」

それはまさに、青天の霹靂《へきれき》だった。その日まで、安月給で修行を積んでいた若き日の僕のもとに、突如、ド派手なファッションに身を包んだ中年オヤジ系の天使が舞い降りてきたのだ。

その正体は、ある理美容ＦＣチェーンを統括する凄腕オーナー。その彼が軽いノリで発した一言により、お店を一軒任せてもらえることになった。

まさに、事実は小説より奇なり。人生とは不思議なことが起きるものである。

中谷嘉孝、24歳。当時の僕は、お世辞にも偉い人から目をかけてもらうような鋭い若者ではなく、才能もアツさも信念も、それどころかこの職業で食っていくという覚悟すらなかった。ただどこまでも果てしなくボーッと生きているだけだった。今考えても神様の気まぐれとしか思えない急展開の棚ぼた現象に、若き日の僕は「チャ〜ンス！」とばかりに食いついたのである。

ちょうどその頃は、バブルの名残もあり（ハジけて2年目ぐらいだった）、たったひとりでスタートしたその店も経営は右肩上がりでどんどん拡張。半年後には、椅子3台の小さなサロンになぜだか5人のスタッフがひしめくようになり、1年後には早々と支店を持つことになった。

当時の僕の年収はゆうに1000万円を超えていた。周りからは青年実業家などと囃し立てられ、連日連夜スタッフたちと女の子をはべらせながら、財布が空になるまで飲み歩いた。それでも次の日にはきちんと日銭が入るものだから、今考えると、よく身体がもったなと思うくらいに遊び倒していた。それが、後になって社会の厳しさを痛感させられることになるとは、これっぽっちも思いもしないで。

そう、つい最近まで手取り18万円で生活していた若造は知る由もなかったのである。自営業者の年収が上がれば、市税も保険料も上がるということを。

そしてさらに、初めての確定申告が追い打ちをかける。

結局、独立したての僕は、ほんの1、2年前に貰っていた年収分ほどの税金をものの見事に巻き上げられ、スッカラカン。さらに、調子に乗って手を出した先物取引で大穴をあけ、借金生活にまで陥ってしまった。

経営者が会社の利益を守るには最低限の知識がなければ話にならない。経費や領収書の存在すら知らない無知でずぼらな経営初心者には、年収1000万円なんて、まるで泡のようなものだった。

会社の命運も社員の生活も自分の肩にかかっているというのに、まったくお粗末な話である。大物ぶって親分風を吹かす前に、**経営者は何よりもまずはキャッシュフローをしっかり管理しなければならない。**

ともかく痛い目にあったのが取り返しのつく若いうちだったというのが、不幸中の幸いだった。

How the Small Shop Keeps Making Money

有名人御用達店の誤算

行き当たりばったりを絵に描いたような独立から、それでも何とか3年が経ち、ようやく経営者づらが板についてきたものの、それと同時に社会情勢も少しずつ変化していった。いつも温厚だったお客さんが泥酔して来店したかと思いきや、リストラされた会社への恨み節を泣きながら並べ立てる。その僅か数カ月後には、その会社が倒産。そんな信じがたい現象が相次いだ。

そしてその影響は、僕の経営するサロンにもじわじわと忍び寄り、やがて順調だった経営にもかげりが見え始めた。好立地に助けられ、集客ひとつした経験がなかった僕に、これといった戦略が浮かぶはずもなかった。そして、いよいよ万策尽きたところに、これまた運よく一筋の光明がさしたのだ。

その光明とはJリーグ開幕である。とあるプロサッカーチームの練習グラウンドが、僕のサロンの近くにでき、最初何人かの若手選手が髪を切りに来てくれた。それをきっかけに、日本代表クラスの有名選手をはじめ、世界のスーパースターと言われる外国人選手たちまでが来店してくれるようになった。

僕のサロンは一躍、「有名人御用達」の店として有名になり、かつての勢いを取り戻し始めた。ところが有名人御用達サロンには、ある大きな落とし穴があったのだ。

順風満帆に見えたJリーグも内情は経営難のチームが多く、選手たちは頻繁に移籍を繰り返すことになる。すると、人気選手を目的に来店していたお客様までもが、選手と一緒に移籍してしまうわけだ。つまり、彼女らは僕のサロンのファンじゃなく、人気選手のファンであり、僕たちお店のことは最初から眼中にない。だからどんなに一生懸命尽くしても、愛は届かない……。そんな、ドラマにもならない切なすぎる幕切れとなったのである。

似たような例を挙げよう。皆さんは、「アンアン族」という人種をご存じだろうか？ あの人気ファッション誌の『ａｎａｎ』に掲載された店には、『ａｎａｎ』の読者（つまりミーハー客）がすさまじい勢いで押し寄せてくる。

猫の手も借りたいほどの大盛況が続くと、やがてその店は足元を見失い、お得意客へのサービスも手薄になっていく。愛想を尽かしたお得意客が、徐々にお店を離れていった頃、

『ａｎａｎ』の誌上に次の店が掲載されると、「アンアン族」は躊躇なくそっちの店へと移動していくというわけだ。

声を大にして僕は断言するが、「節操がなく薄っぺらい」。それが、ミーハー客の正体である。

その証拠にサッカー選手目当てに僕の店に来ていたミーハー客のほとんどが、サッカーのルールさえろくに知らなかったのだ。この辺の客層に振り回されて潰れていった店をたくさん知っている。皆さんはくれぐれも注意してほしい。

そしてもうひとつ。ミーハー客相手のビジネスは、自分でコントロールできない恐ろしさがあることを覚えておいた方がいい。例えばあなたのお店が、イメージモデルとして超人気アイドルタレントを雇ったとしよう。そのタレントが致命的なスキャンダルを起こしたことを想像してみてほしい。その瞬間、そのタレントのイメージダウンが、そのままお店の死活問題に発展しかねない。

要するに、ミーハー客は偽者の顧客なのだ。偽物ばかり抱えていては、安定した経営は成り立ちようがないのである。

How the Small Shop Keeps Making Money

チャンピオンというブランドの悲劇

そんなほろ苦い誤算を経験した僕は、やはり初心に帰って正攻法でいこうと心に決めた。所詮、理美容師は技術者。ならば技術コンテストでの優勝、つまりは日本一を目指そう！というわけだ。日本一になれば世間から注目され、低迷した売上も回復するだろうという甘い考えもあった。正直で素直な心に、スケベ根性をこれでもかと言わんばかりに満載した経営者。それが当時の僕だった。

ところが、そんな不純な動機で挑戦したコンテストだったにもかかわらず、これまで運だけで生き抜いてきた僕のツキは、まだまだ落ちていなかった。県大会、ブロック大会をあっさりと勝ち抜き、あろうことか初めて出場した全国大会で、優勝を果たしてしまったのである。

しかし全国優勝を売上回復のマーケティングツールとして利用しようと目論んだ僕の狙いは、思わぬ落とし穴のせいで、またしても大幅に狂ってしまった。

実は、「仮に全国大会で優勝した場合、その実績を決してお店のPRなどには利用しないこと」という、なんともしょっぱい誓約書に、当時の選手たちは全員署名させられていたのである。

あなたが、カリスマ美容師の名前なら少しは知っていても、ヘアコンテストのチャンピオンの名前をひとりも知らないのは、おそらくこのためだ。

そんなこんなで、端からPRだけが目的で大会出場を決意した当時の僕は、表彰式直後の優勝インタビューでも、まるで落ち武者のような表情を浮かべていた……。

さらに、不幸はそれだけにとどまらなかった。

翌日からは、撮影依頼、執筆依頼、講習依頼などの電話が鳴り響き、まったく営業にならないのである。ボランティア的なギャラでの全国ツアーが始まり、サロンに出ることさえもままならないのだ。

それでも、噂を聞きつけて来てくれる新規客もそれなりには増えるのだが、チャンピオンズサロンを一度体験したいだけのミーハー客か、お手並み拝見とばかりの同業者ばかり。

僕の目論みは、大幅に狂っていった。

そして、最も衝撃的だったことは、ちょっとした技術の違いなんて、そうそう素人にはわかってもらえないという事実である。

通常、人が上手いか下手か、あるいは、美味しいか不味いかなどを判断する基準は、多くの場合、職人の腕というより自分の好みに合っているかどうかにかかっているのだ。

かつて、某大手飲食チェーンの社長が「日本人の80%は味音痴」と公言して話題を呼んだが、実際、プロの観点と素人の観点には相当の差がある。身も蓋もないように聞こえるかもしれないが、俳優も歌手も技術屋も、「実力=売れる」という図式は、残念ながら日本という この国には存在しない。

しかるべきPRにより、生活者に「買うべき理由」、すなわち「価値」をきちんと伝えられたものだけが売れているというのが消費の真理なのである。

How the Small Shop Keeps Making Money

キャンペーンという名の麻薬

そんなこんなで、ミーハー客に散々振り回されたその後、不況はさらに深刻化。我がヘア業界もデフレの波に飲み込まれていった。

そして、当然の流れで資本力のある企業が業界を侵食し、駅前にはカット1000円の量販格安サロンが破竹の勢いで増殖していく。

当然、そっちに流れるお客がひとり、またひとりと出るたびに焦りは増していくわけだが、もともと技術屋集団であるヘア業界のマーケティング能力は極めてゼロに近く、当然僕もその中のひとり。思いつく集客の最終手段は、キャンペーンという名の安売りだった。

ところが、蓋を開けてみれば案の定、安売りで集まるお客は、やっぱり安いのである。ミーハー客同様に、**プライスダウンで集客すると、あたりまえだがプライスダウン目当てのお客しか集まらない。**つまり、品質に響いたわけではなく、OFFに響いたお客だから、OFFを止めれば、蜘蛛の子を散らすように去っていくのだ。

そんな調子で、キャンペーンが終わるとパッタリと客足は途絶えた。そして、よそがキャンペーンを始めれば、キャンペーンハンターは一目散にそっちへ流れる。

だから、一度始めたらキャンペーンはやめられない。そのうちにお店そのものの価値まで軽く見られ、横柄な客が増えるほどにスタッフのモチベーションも下がっていく。それでも安売りをすると途端に数字は上がるものだから、ビジネスとしては成功していると勘違いしてしまう。〝キャンペーンは麻薬〟とはまったくうまい例えである。

安売りで呼んだお客とは、技術や心で繫がっているわけではない。一生懸命尽くしたところで必ずしもリピートには結びつかない。

愛が通じない客を相手にする日々が続くと、どんなに店が忙しくてもなぜか満たされない。毎日がぜんぜん楽しくないのだ。

集客テクニックとしては正しくても、生き方としては正しくないんじゃないか？　この問いの答えを模索する日々が続いた。「本当の答え」は休み休みでなく、考え続けた先にある。そう信じ、自問自答を繰り返した。

集客以前に、このヘア業界に未来はあるのだろうか？　そもそも商売を営んでいる意味って何？　そんな数々の壁にぶつかりだしたのも、この頃だった。

How the Small Shop Keeps Making Money

コンビニで出会った1冊の本

ヘアビジネスは僕にとって天職のはず。なのに、こんなに仕事が楽しくないなんて……。何かが間違っているのはわかるが、その〝何か〟がサッパリ見えてこない。

そんな時、ふと立ち寄ったコンビニで1冊の本が目にとまった。後にこの本がきっかけで出会うことになる小阪裕司先生（著者）のこの一言で僕は我に返ったのである。

「あなたはなぜ今のビジネスをやってるのか？　その問いへの答えがなければ、ビジネスはただの集金活動になってしまう」

ビジネスモデル（金儲け）としては正しくても、ビジネススタイル（稼ぎ方）としては正しくないこともある。着眼点が違っていたのだ。僕がしっかり見なければいけなかったのは、帳簿ではなくて、人の心。「どこ見てたんだよまったく！」という話である。

人にはそれぞれ優先順位がある。単純に安売りでお客を集めれば、飲食店でいえば「食」に、美容室でいえば「美」に、それぞれ無頓着なお客を集めることになる。

「食」を第一に考える人はおそらく100円ショップで食料品は買わないし、「美」に対する意識の高い人は間違ってもカット1000円のヘアサロンには行かない。

反対に「食」に無頓着なお客は不況になると真っ先に食費を切り詰め、「美」に無頓着なお客は真っ先にヘアサロン代を節約しようとするのである。

つまり、あなたが提供する商品を第一優先に考える人種を顧客にしなければ、景気に振り回され、とことん不安定な経営を強いられるというわけだ。

だから、あなたの職業が正当な価値交換をできる相手を選び、自分の土俵で相撲を取ることが重要なのである。

ミーハー客、そしてOFF狙いのお客は、たとえどんなに好みのタイプでも相手にしてはいけない。はじめからあなたの誠意や真心が通じない相手なのだ。

先の見えない時代を生き抜く僕たち商人がしっかりと向き合わなければいけないのは、数字でも、銀行でも、税務署でもない。価値を通じてわかり合える「質の高いお客様」である。

さあ今一度、原点に戻ろう。とにかく今は、必死でやるしか道はない。数字はきっと後からついてくると信じて。

第2章

経営者が一度はハマる集客術

「家に帰ったら、どんなにくだらないバラエティー番組でも、インチキくさいテレビショッピングでも構わないから、一日ぼんやり眺めてだらだら過ごしたいね」

飯村はのんびりとした口調でつぶやいた。

「こんな状況でバラエティーとかテレビショッピングとか。本気で助かると思ってるのか？」

石橋はかすれた声で言った。

「帰ったらそんなふうに過ごしてぇな、って。お前は家に帰ったらまず何したい？」

石橋は戸惑った。遭難してすでに5日。疲労も空腹も極限に達したこんなシチュエーションで家に帰ったことを想像する？　どう考えたって空しいだけじゃないか。

すると隣の神成がこう言った。

「俺は、近所の蕎麦屋でカツ丼の特上を思いっきり食いたい！　そこの蕎麦屋、蕎麦は頭がい骨にひびが入るくらいに不味いんだ。でもカツ丼ときたら……　なんでカツ丼専門店にしないんだってくらい旨いんだぜ！」

神成先輩、この状況で飯の話は禁句でしょと石橋が言いかけた時、高橋がクスクスと女のような声で笑った。ついに壊れたか、と石橋は思った。

「ふふふ、神成先輩。それって〝超長命庵〟って蕎麦屋じゃないっすか？」

「高橋、知ってんのか？　そうだよ〝超長命庵〟！」

「……先輩、そこ僕んちです」

3秒ほどの沈黙の後、テントは爆笑に包まれた。

「そうかそうか！　あの不味い蕎麦屋は高橋のうちか！」と飯村が涙目で頷く。

「旨いよな！　お前んちのカツ丼！」と慌ててオーバーにフォローする神成。

「頭がい骨にひびが入る味ってどんなんですか！」石橋は腹を抱えながら言った。

「ぼくは、ウチの店の蕎麦が大好きなんだ〜！」

高橋はよろめきながら立ち上がり、芝居っ気たっぷりに叫んだ。狭いテントが揺れた。

「カツ丼、食うぞー！」と神成が叫ぶ。

「テレビショッピングでなんか買うぞー！」と飯村がおどけた調子で追従する。

そうだな、僕は、僕は……と必死で想像する石橋の思考を聞き慣れないノイズが遮った。

「どうした石橋、お前は帰ったら……」

「シッ！」

石橋は人差し指を自分の唇に当て、飯村の問いかけを制した。

バタバタバタバタバタ……。

その時、4人の耳にヘリコプターの爆音が届いた。しばしの沈黙の後、テントの周囲にプロペラの音に負けないいくらい大きな歓声が響いた。

How the Small Shop Keeps Making Money

お店にお客が来ない理由

前章で書いたように、コンビニで小阪裕司先生の本と運命的な出会いをしてからの僕は、なりふり構わず必死にマーケティングを勉強し、そして実践した。貯金を切り崩し、休みも削って、高額のセミナーや合宿にも積極的に参加した。

その甲斐もあってか、操縦桿が折れたままで急降下を続けてきた我が店の売上は、地面スレスレでようやくその重い身体を上昇させ、なんとかかつての軌道を取り戻そうとしていた。そこで得た答えを話そう。

あなたの会社や店舗がいま現在儲かっていないとしたら、その理由はひとつしかない。「誰も知らないから……」、それだけである。

十中八九小さなお店が儲からない理由は、突き詰めればたったこれだけの理由だ。例えば、長年地域に根ざしている老舗店舗の経営者になるほど、自分の店を知らない人はいないくらいに思っている。だが、果たして本当にそうだろうか。試しに駅前で通りすがりの人に「○×屋ってどこですか？」と訊ねてみてほしい。きっとその残酷な結果に愕然とすることだろう。

生活者というのはそれぐらい、周りの風景を気にしていない。ましてや自分の生活に関係のない商店など、最初から眼中にないのだ。そして、誰もが知っているほどの店ならば、まがりなりにも多少は儲かっているはずなのである。仮に、あなたの店の屋号ぐらいは知られていたとしよう。でも、あなたの提供する「商品」や「技術」の価値、あるいはそれに込められたあなたの「想い」や「こだわり」を生活者は知らないのだ。

商品が売れない理由は、この3つしかない。

❶商品のよさがわからない
❷あなたから買わなければいけない理由がわからない
❸なぜ今なのかわからない

つまり、お客は来ない理由があるから来ないのではなく、以上の3つがわからないだけなのである。

How the Small Shop Keeps Making Money

あなたはアテにされているか？

いきなりの質問で恐縮だが、あなたの営む職業は、生活者から本当にアテにされているだろうか？

ここで一度、アテにされるという意味の重要さを分析してみたいと思う。

心理学的な切り口で捉えた場合、人は問題に直面した時、初めて何かを思い浮かべるものらしい。

初めてセブン−イレブンが登場した頃のキャッチフレーズは、「開いててよかった」だった。要するに、日常生活の中で何か問題が生じた時に思い浮かべてもらえるところであることこそ、コンビニ産業の存在価値だと伝えたかったのである。

僕も先日、夜中に執筆作業をしていた際に眼精疲労用の目薬を切らしてしまい、思わずコンビニに走った。残念なことに、そのコンビニに目薬は売っていなかったのだが、迷わずに駆けつけようとするこの感覚が「アテにしている」という感覚そのものである。

では、ここに我々の職業を当てはめてみよう。果たしてヘアサロンは専門職として生活者にアテにされているのだろうか？　残念ながら多くの場合、生活者がヘアサロンの存在を思い出してくれる瞬間は、おそらく、髪が伸びたと感じた時だけだと思う。

生活者は、シャンプーが切れた時にはマツキヨやウエルシア等のドラッグストアを、ドライヤーが故障すればAmazonや楽天を、抜け毛が気になればアデランスやＡＧＡクリニックを思い浮かべる。これではお世辞にもアテにされている職業とは言えない。理美容業界が生活者からアテにされなくなった本当の理由は、我々理美容師が、素人であるお客様に対して、プロとしての知識を教えてこなかったから。

つまり、プロの仕事を完全に怠けていたから、ということにほかならない。

情報が氾濫しているこの時代に、生活者は買うべきものがわからない。僕らがついつい ランキングサイトや購入者のレビューを読みあさってしまうのも、こうした氾濫する情報を整理してほしいと願うからだろう。

それゆえ人々はそれぞれの分野において、優れた師匠を探している。自分の抱えている問題を解決してくれる、または解決に導いてくれる人は誰なのかと。

How the Small Shop Keeps Making Money

売るとは教えること

お客様との信頼関係を築くための第一歩は、プロとしての知識を一つひとつ教えてあげることである。例えばブラック・ジャック並の名医でも、今の時代は説明が不十分では信用されない。本当なら助からないはずの命を救い、感謝されるべきところが、反対に訴えられる危険さえあるのだ。

ヘアビジネスが生活者に本当にアテにされるブランドに育つためには、髪について何か問題が生じた時に、真っ先に思い浮かべてもらえる存在になるための努力が必要だ。

ただ単に髪を短くするだけなら、駅前の1000円カットで十分ということになる。ゆえに、まずはお客様にプロとしての知識(技術内容や薬剤の効果など)を、一つひとつきちんと説明することから始まる。「どうせ素人にはわからないから」との理由で説明を怠れば、せっかくのサービスも伝わらず、何の価値も生まないのだ。

あなたがもし、僕らと同じ技術や商品を売る職業を営んでいるとすれば、自分たちの職種カテゴリーは「教育産業」であるという自覚を持つとよいだろう。

さらにプロとしての知識を伝える重要性と同様にお店の「想い」、そして「こだわり」を伝えることも大切である。僕らはどんな想いを抱いて商売を営んでいるのか。そしてお客様に提供する技術や商品に込めたこだわりを伝え続けることが重要なのだ。

伝えなければ伝わらない。伝わった先からストーリー、つまり物語が始まるのだ。

売るとは教えること。教えることは人を安心させてあげることである。そして、決して大げさではなく、教えるとは人を幸せにすることだ。

プロとしてはあたりまえの専門知識を、素人であるお客様にわかりやすく伝え、正しい知識をお客様に植えつけていくことは、絶対的な信頼を生み出す。よく、信頼はお金で買えないというが、裏を返せば信頼はタダで買える。ここでお金云々を持ち出す輩は、あたりまえの情報を出し惜しみしているか、伝える努力を怠っているだけのように思えてならない。あなたのお店にいながら「他所ではこの店と同じサービスを受けることができない！」と、お客様が潜在意識で感じた瞬間、それは浮気のできないお客様、つまりあなたのお店のファンが誕生した瞬間だ。

How the Small Shop Keeps Making Money

モテる男と愛されるお店

こんな感じで、日々マーケティングの勉強を繰り返し、来る日も来る日も実践に次ぐ実践を続けた僕は、ここにひとつの法則を発見した。この法則は、墜落寸前だった僕の店を、危機一髪で救ったのだ。

誤解のないように「発見」の意味を僕なりに定義しよう。「発見」とは、自然界にもともと存在する自然のルールを見つけること。

ニュートンが落下するリンゴを見てひらめくまでもなく、もともと地球には万有引力が存在していた。物理学者や医学博士など、偉い人たちが長年研究してきたテーマの答えも、すべて自然界に存在するあたりまえのルールなのである。

そんな大自然とは程遠い、狭いサロンの片隅で、日々淡々と髪を切るだけしか能がないひとりのしがない髪切職人が、なぜそんな大それた法則を発見できたと言えるのか、不思議に思う人も少なくないだろう。

その答えは単純だ。日々、お客様とマンツーマンで接する仕事に携わる中でモテる男と愛されるお店の共通点に気づいたからに他ならない。

愛されるお店になることは簡単である。世の恋愛の数以上にはびこるモテ本でも買いあさって、それをそのまま経営に応用すればいいだけだ。

一般論で言うと、モテる男の条件としては、優しさ、清潔感、お洒落さ、ユーモア、強引さ、さらには聞き上手などいろいろあるだろう。中でもモテる男の絶対条件をたったひとつだけ挙げるとすれば、それはダントツ、「マメであれ!」、これに尽きる。女性もお客も受け身であるがゆえにマメな男はモテ、マメな商人は儲かるのだ。

ただしここで「マメ=媚」と勘違いしてもらっては困る。マメであることと媚びることは根本的に違う。**マメであることの本質は、いかにさりげない気遣いができるかどうか。計算づくで相手に「大切にされている」という美しき誤解、素敵な錯覚を与え続けることにある。**ビジネスの世界では、「3回通って初めて顧客」という定説がある。当然のことながら、信頼関係の最も薄い初来店から2回目の来店までのリピート率をいかに上げるかがリアルビジネスの命綱だ。

優越感の3つの定義

なんとか2度目の来店をしてもらうところまで漕ぎつけたら、今度はお客様の優越感を徹底的にくすぐる。優越感をザックリ定義すると次の3つになる。

❶私のことを覚えていてくれる
❷私のことをわかってくれている
❸私のことを特別に扱ってくれる

❶私のことを覚えていてくれる

ちょっとイメージしてみてほしい。2度目の来店で、カフェのお姉さんが自分の顔を見るなり、「○○さんお久しぶり」と満面の笑みで名前を呼んでくれたら、おそらく感動に心が打ち震えるはずだ。このグッドバイブレーションこそが優越感である。

もちろん顔と名前だけではなく、前回話した内容まで覚えておくことも重要だ。

❷ 私のことをわかってくれている

これも重要なキーワードのひとつだ。お客一人ひとりの好み、生活環境、さらには職業、置かれている立場、歴史などについてどれくらい認識できているかがポイント。

例えば、「○○さんはコーヒー、ブラックでよかったですよね」とか「××さんはピーマン苦手だったよね？」というように。この最後の「ね」が優越感をくすぐる。

自分の嫌いな食材を知ってくれているレストランなら安心だし、自分のコーヒーの飲み方まで把握してくれているカフェなら当然、常連になってしまうだろう。

❸ 私のことを特別に扱ってくれる

そして、究極の優越感はこれ。特別待遇。年齢、性別を問わず、誰もが必ず、深い優越感に浸れる。レストランなら、ＶＩＰルームや、できるだけ景色のいい席に案内するとか、お客の帰り際に必ず外まで見送るなど、たいして難しいことをやるわけではないのだが、これがこの上なく優越感をくすぐるのだ。

注意するポイントは、わざとらしくなりすぎないこと。そして、他のお客にわからないようにやること。こっそり感がキーだ。

今の時代、マニュアルは簡単に見透かされてしまうし、あからさまに一組だけＶＩＰ扱いすると、他のお客から反感を買う危険があるので注意が必要である。

また、より大きな優越感を感じてもらうには、予期せぬタイミングでサービスを行うのがコツだ。したがって、「ランチにもれなくケーキがつきます！」などと間違っても声高かに謳ってはいけない。あくまで「他のお客様には内緒」を装い、「私だけにこっそりサービスしてくれた！」と思わせてこそ、最上の優越感に浸ってもらえるのである。

自分を特別に扱ってくれる店は当然、友達に自慢したくなる。通常、人は自分のお気に入りの店を紹介する時にはそれなりの相手を選ぶ。間違っても自分の顔を潰すような人は紹介しない。上質なお客様が上質なお客様のみを厳選して連れて来てくれるというのが、最も理想的なコミュニティーの築き方である。どんなに時代が流れても、自尊心のある人間なら自分のことを大切にしてくれる人を簡単には裏切れない。

つまり、優越感というキーワードは、リピートビジネスの命であり、人に心がある限り変わることのない商売の絶対真理なのである。

How the Small Shop Keeps Making Money

小手先のマーケティングの限界

毎月のニュースレターをはじめ、ご家族連れや遠くから足を運んでくれるお客様へ向けた感謝メール。多くの友達を紹介してくださる方へのちょっとしたプレゼントや、誕生日のお祝いメール。さらにはコミュニティーパーティーやＬＩＮＥ公式アカウントによる個別の情報発信など、お客様の気持ちを繋ぎとめるためのテクニックは、今なお数多く存在する。

僕は１冊の本に出会ってからというもの、必死にマーケティングを勉強してきた。もちろん、それが無駄だったというつもりはない。

実際、僕の経営するヘアサロンも、これらの手法で60％を超えるリピート率をはじき出し、遂には長年お世話になったＦＣのテナントに別れを告げて、晴れて念願だった自社ビルへと拠点を移すことになった。

お客様の誕生日をお祝いするレターやメールのレスポンスは本当によかったし、コミュニティーパーティーも、毎回外まで人が溢れるほどの大盛況ぶりだった。

だから、こうした「マメであれ！」必勝法則に勝る法則など存在しないと信じて疑わなかったのだ。


女性の気持ちに鈍感な男が多い中で、ほんのちょっとマメな男がモテるように、ほんのちょっとお客様の気持ちに敏感な会社やお店は簡単に儲かる。しかし、こんなに効果的な方法にもかかわらず、実行できている企業はほとんど存在しない。

実はこの必勝パターンを多くの企業が実践できないのは、〝マメな男はモテる〟とわかっていながらも、なかなか実行できない男性が多いのと同じである。

だが、本気で儲けるためにはそうも言っていられない。日本の多くの企業の上層部は、形だけでも彼らをお手本にしようと四苦八苦している。

当然、僕の店だってかつての加賀屋やリッツ・カールトン、今を時めく星野リゾートといったその時代におけるキラ星たちを見よう見まねして、自分でも感心するほどマメの限りを尽くしてきた。

そう、あの花薫る春の日の午後までは……。

（この続きは第4章にて♪）

第3章

なぜ、SNSで発信してもお客は増えないのか

インターンシップにひとりの女の子が派遣されて来た。

名前はリオン。控えめなメイクに直毛の黒髪をポニーテール風に束ねた、今どきの女の子（?）というのとも少し違う。まるで日本人形のような凛とした清楚さ。反してほんの僅かに、不思議ちゃん的なオーラを醸し出している。

「インスタにあげてるユースケ先輩の作品写真。あれ、めっちゃ盛ってますよね？　加工っていうよりほとんどアイコラだし。これじゃお客さん、みんな騙されちゃう！」

彼女はピュア（?）というよりド正直だ。決して悪い子ではないのだが素直過ぎて、思ったことをそのまま口に出してしまう。声が大きいというわけでもないのだが、透き通るようによく通る声は、聞こえてほしくない人にまで容易に届いてしまうのだった。

それゆえ周りは常にハラハラ。ところが当の本人は、どこ吹く風である。

去年より店長を任されている僕は、その都度張りつめそうになる場の空気を和らげながら、引きつった笑顔で取り繕うのが精いっぱいだった。

「午後イチはいよいよ、あの人だね。誰が担当する？　またジャンケンか？」

そのお客への苦手意識からか、店内の空気がほんの少しだけ憂鬱な重さに沈む。

そのお客は決して悪い人ではないのだが何となく気難しいところがある。というよりは、この人もやはり正直なのだろう。おだてやまやかしが通用しない厳格なオーラをまとっている。

初めてシャンプーを任される新人スタッフは萎縮し、担当するスタイリストも、緊張でいつものパフォーマンスを発揮できない。ある意味お客としては、損な役柄かもしれない。

「やっぱさ、オーダーされたスタイル写真の作者が担当するってのがフェアなんじゃない？」

そんな結論に至った頃、ほどなくしてそのお客が現れた。

例によって彼女はタブレットをスクロールしながら、うちのインスタアカウントから好みの髪型を物色する。席を取り囲み、戦々恐々、無言で彼女の指を目で追うスタイリストたち。重苦しい沈黙の末にその指は、つい今しがたリオンから「ほとんどアイコラ」と指摘を受けたばかりのユースケの作品写真のところで止まった。

「この【石原さとみ風ショート】ってカワイイよね？」

担当はユースケに決まった。「やっちまった～」と天井を仰ぐユースケを尻目に、他のスタイリストたちは小さくガッツポーズを決める。

すると、いつの間にか彼女の横でタブレットをのぞき込んでいたリオンが、臆せぬ瞳と屈託のない笑顔でキッパリ爽やかにこう言い放った。

「いえ、髪型じゃなく【石原さとみ】が、カワイイんです！」

「……」

ヤバい！　誰もがそう思い固唾をのんだ瞬間、誰も耳にしたことのなかったその客の笑い声が店中に響き渡った。

「オ～ッホッホッホッホッ！　そうよね、この子だからカワイイのよね～。わかった！　今日から私に似合うスタイル選びは、あなたたちプロにお任せするわ♪」

How the Small Shop Keeps Making Money

真のお客（生涯顧客）をつくるには

僕が身を置く理美容業界は、完全なる**オーダーメイドビジネス**である。オーダーメイドゆえに、お客がメニューやオーダーブックを指さし、「これください」と言われたところで「かしこまりました」と即答できない場面も多々あるわけだ。

「完全なる」とキッパリ言い切れてしまう理由を説明しよう。

例えばレストランなら、シェフやパティシエが、理想の味を出すために仕入れの段階、いわば理想の素材選びから携わることが可能だ。しかし、僕らにはそれが許されない。ことヘアビジネスに関しては、１００％お客様からの素材持ち込みなのである。

想像してみてほしい。お客の求めるヘアスタイルがしっとりサラサラの風になびくロングヘアーだとして、持ち込まれた素材がモシャモシャパフパフのアフリカンなクセ毛だったら……。こうなると、デザイン以前に、まずは素材を加工するプロセスが必要となるわけで、そこには当然、高度なテクニックとダメージコントロール、お客様の側においても決して安くない費用と所要時間が発生する。

もっと言えば、お客様のなりたいイメージが吉高由里子で、もともとの素材がお笑いコンビゆにばーすのはらちゃんならば、最早ヘアスタイル云々ではなくなり、特殊メイクを超える詐欺メイクが必要となる。

冗談はさて置き、人それぞれの個性やキャラの違いも含め、その人の魅力をどう際立たせるか？　ここはもうお客とスタイリストがとことん擦り合わせながら、ベストな落としどころを見つけるしかない。

我々スタイリストは日々、持ち込まれた素材の長所を生かし短所を補う技術の提供に加え、お客の精細な気持ちを汲み取りながら最善の策を提案できるコミュニケーション能力を駆使することで、初めてその人に合った心地よいオーダーメイドデザインを提供することができるのである。説明が長くなってしまったが、ヘアビジネスを完全なるオーダーメイドと断言する理由がおわかりいただけただろうか。

技術職だから、もちろんテクニックの研鑽も必要である。ただ、**信頼を得るために必要なことは、その人の悩みに寄り添う気持ち**である。すなわち、**真摯に向き合う姿勢**だ。おおよそ僕らしくない優等生的な発言だが、経験上、現場で起こるトラブルは十中八九、真摯さを欠いた時のコミュニケーション不足が原因だ。

お客に「私の気持ちをわかってくれている」と思わせて初めて、プロとしての正直な意見を聞き入れてもらうことができる。心底信頼されてこそ、心を受け取ってもらえるのだ。

ヘアビジネスという職業が、素材持ち込みのオーダーメイドビジネスである以上、SNSをはじめとするウェブマーケティングによって、カタログショッピング的な集客に終始するのは、極めてナンセンスだといえる。

ウェブマーケ特有の「一方通行的発信」では、真摯にお客と向き合う環境は決して醸成されない。まして接客業において、バランスを欠いたコミュニケーションは、大きなリスクにもなりかねない。

最終的には、すべてをこちらに委ねてもらうしかない以上、「今日もお任せで♪」と言ってもらえるまでの信頼関係を構築することこそが、まさしくリアルブランディングの要諦である。その第一歩として、どういうツールを使い、どういうお客を集めるかという基本設計が非常に重要となってくるというわけだ。

How the Small Shop Keeps Making Money

集客サイトの巧妙な罠

コロナショックでお客を失った店舗形態は、主に、

①好立地ゆえに高額なテナント料を強いられているお店
②集客サイト等の新規客でキャパを埋めざるを得ない大型店

の二つである。

では、失った客とは一体どんなタイプのお客だろうか？

結論、「便利」か「お得」というものさしでお店を選ぶ、いわば「自分都合な客」である。駅に近いから便利。会社に近いから便利。だが、テレワーク等で会社に通う理由がなくなれば、その店に通う理由もなくなってしまう。

集客サイトに群がるお客もまた同じだ。彼らは皆、「今すぐ入れるか？」「今ならお得か？」、そして、「どちらがお得か？」という条件でしかお店を見ていない。やれタイパだとかコスパだとか「自分がいかに得するか？」だけを最大の価値基準にしている人種であるわけだから、端からリピートなんて期待できないのだ。

明確なウリや強みを見つけられていないお店や、見つけられてはいるが大型店ゆえひとつでも多く席を埋めなければ採算を取れないお店、あるいは、集客の方法がわからずにズルズルと集客サイトに頼ってしまっているお店も少なくないだろう。

だが、胸に手を当てて自分に問いかけてみてほしい。自分がどんなに愛の限りを尽くしても、他にもっとお得な店を見つけたらすぐにそっちへ流れてしまうようなお客を、あなたは本当に欲しいだろうか。

ここではっきり言っておくが、**情報の質と利用する人間の属性は比例する。ゆえにクーポン提供が必須のサイトに上質な客などまずいない**と考えていい。昔から「恒産なくして恒心なし」というように、痩せた土壌に愛は育たないのである。

また、それ以上の弊害もある。某大手集客サイトは、自社の加盟店を利用したお客に、「今度はこんな店もありますよ」と別の加盟店を次から次へと斡旋している。彼らの手柄は集客数のみ。そもそもあるお店に定着されては困るシステムになっているわけだから、店側にとっては一向に顧客が育たない。結果として加盟店は、得体の知れぬ一見客が落としてくれる売上に頼らざるを得ない状況に陥り、ラットレースから抜けられなくなってしまう、そんなカラクリになっている。

さらに言うと、現在これらのサイトは登録店舗が多過ぎて既に飽和状態を呈している。おそらく利用している店舗のほとんどは、費用対効果が合っていないはずだ。かといって勢いで解約してしまったら最後、一部の集客サイトではその瞬間に自店の顧客リストさえ一切見られなくなってしまうというケースもある。要するに「お客は自分たちが派遣してあげているんだよ?」というのがサイト運営側の本音であり、結局、加盟店は皆、彼ら(サイト運営会社の社員たち)を食わせていくための食い物にされているのが現状だ。

自店の本当のファンを増やすためには、まずは原点に立ち返り、自店のウリや強みを明確にすることから始めてみよう。

How the Small Shop Keeps Making Money

「ネットで発信しない」が吉

SNSでお店を選ぶ人たちもまた同じである。集客サイト同様に場当たり的にお店を選ぶ傾向が強く、こちらも第1章に出てきたアンアン族やミーハー客に等しい。

我がヘア業界でも、ネット美容師と呼ばれる腕自慢の若い理美容師さんたちが、毎日自分の手掛けたヘアデザインをInstagramなどに更新し、それを見たユーザーたちがそのサロンに来店するという集客的利用が増えてきている。

インスタは、利用する年代層の広さもさることながら、ハッシュタグ等の検索機能もあることから、うまく使えば集客には効果的だ。それなりにマメさと労力はかかるものの(僕なら1カ月も続かないが)、何と言っても無料で発信できるので、通常、個人店でも月に数万〜数十万は掛けていた広告費を思うと、確かに使わない手はないと思う。

同様にX（旧・Twitter）にもリポストという拡散の文化があり、リアルでも繋がろうという行動心理が定着化した今、こちらも根気よく使えば集客ツールとして効果的だろう。

少し前までは訝しがられていた出会い系サイトが今ではマッチングアプリとして広く大衆に認知され、メルカリの出現により個人的な物品売買もスマートに成立する時代になった。売りたいスタイルをSNSに載せ、響いた人がそのヘアサロンを予約する、というのも今の時代らしく、とてもスタイリッシュな流れに感じる。ただ僕のように古い人間は、「タダより怖いものはない」という言葉の意味を身をもって痛感してきたから、ついつい慎重に分析してしまうのだ。とはいえ、情報の価格が安ければその分、愛着や信ぴょう性が薄れるという消費者心理は、令和の時代においても変わらないのではないだろうか。

ただ、強調しておきたいのは、**無料で発信できるということは誰でも発信できるということである。**そして、**あなたのページを見に来てくれている人たちは、100％他の人のページも見ている。要するに、SNSの世界は見渡すかぎりライバルだらけ、完全無欠のレッドオーシャンなのだ。**ゆえに1回2回は来店してもらえても、後々浮気される確率がかなり高い。つまり、ここに集うお客もやはり偽物の顧客であり、のちに僕の推奨する生涯顧客、一生自店を支え続けてくれるサポーター客に育つ魚はこの海には泳いでいないのである。

僕は何もSNSを否定しているわけではない。一応インスタもXもアカウントぐらいは持っている。僕が言いたいのは、SNSはあくまでも今の時代らしく人生を楽しむためのコミュニケーションツールであって、上質な生涯顧客を集めるための集客ツールとしては不向きということである。

ちなみに僕がメインに利用しているのは実名で繋がれるFacebookだけだ。これまたオジサンと言われるかもしれないが、FBは実名ゆえに荒れるリスクが低いし、既存の顧客との友好関係を深めるのには有効なツールだと思う。利用する人の年齢層は若干高めだが、僕のサロンのターゲット的にはドンピシャであり、年代も含め簡単には浮気しない客層との交流を深めるツールとして重宝している。一応、企業用のFBページも存在するが、こちらはとりわけメリットを感じていないので、無理に手を付ける必要もないだろう。

もうひとつ、最近ビジネスとして活用し始めたのは、著者仲間に勧められて始めたLINE公式アカウントだ。こちらは会員客への連絡用ツールとして、今の時代、メールより確実に開封率が高いという点で重宝している。お店の側から登録してもらいたい相手を選別することもできるし、既読していない相手やブロックしている相手まですべて把握できるので、意外と響いてくれていない偽物の顧客を炙り出すための踏み絵にもなる。こうした理由から、LINE公式アカウントも顧客との繋がりを深めるためのツールとしてはいま現在最適なアイテムのひとつだと思う。

How the Small Shop Keeps Making Money

ネットの口コミよりも目の前のお客

集客サイトならびにSNSで来店したお客よりも、口コミによって来店されたお客の方が圧倒的に生涯顧客へと育ちやすい。実を言うと僕のお店にも、口コミサイトに集客を頼りきっていた時代があった。まだうちのサロンが会員制ではなく、入口を施錠していなかった頃の話だ。

基本的に消費者は、お店の発信した宣伝や広告を信じない。しかし、その店を利用した消費者の声は信じるのである。ゆえにあらゆる店舗は形態を問わず通販サイト等で、何とかよい口コミを書いてもらうための工夫をしている。いろいろな特典やポイントを用意したり、中にはサクラを雇うところだってある。ただ、時は流れて、僕らが恩恵を受けた口コミサイト全盛の時代に比べて、今ではサイト自体の信ぴょう性が薄れている感は否めない。確かに、いいレビューが書かれればもちろん嬉しい。だが、そこには意外な落とし穴も存在する。というのも、**好意的な口コミは、これから利用しようとする消費者の期待値**

をむやみに上げてしまう恐れがあるからだ。

前章でも述べたが、人というのは不思議なもので、もともとの期待値が低いほどパフォーマンスが高かった時の感動が大きい。思わぬサプライズを味わえることにもなるし、自分が穴場を発見したという優越感にも浸れる。反対に期待値が高いと、そこそこのクオリティーで提供された商品では満足してもらえない。よくてあたりまえ、想像より劣ってしまえば、利用客の理不尽な逆鱗に触れ、今度は徹底的に叩かれることになる。とどのつまり、よいレビューと悪いレビューは常に背中合わせだと思ったほうがいい。

さらには、こちらが意図していないポイントに琴線が触れるなんていうお客もかなりの高確率で存在する。予想もしない口コミで意にそぐわないお客を集めることにもなりかねないから慎重な姿勢が必要だ。結論を急ぐと、「ネットの口コミ」より「リアルな口コミ」ということである。それも、心底自店を理解してくれている既存の顧客から発生する口コミほど強力なものはない。そのためにはまず、新規集客に力を入れるその前に、目の前の既存客の「理解度」を大切に育てることこそが最優先である。それが叶った暁には、もはや集客自体不要になる。真に目指すべきゴールは、相思相愛のお客様たちに囲まれて集客の要らない状況になることなのではないだろうか。

How the Small Shop Keeps Making Money

ウェブ集客が看板を汚す

これまで述べてきたように、僕がウェブを使った集客に飛びつかないのは（いま現在、集客の必要がなくなったという理由ももちろんあるが）、ウェブの恩恵を受ければ、それと同じだけ弊害を受けるリスクもあるということを懸念しているからだ。

クーポンサイトという海にもＳＮＳという海にも、僕の釣りたい理想の魚はいない。それ以前に、その漁場はもう既に完全にレッドオーシャンと化している。食いつなぐためだけに必要なその場しのぎの雑魚でさえ釣るのが困難な状況に陥っているのだ。

これからの集客に必要なのは、量への執着ではなく、精度へのこだわりである。集客の費用対効果をお客の「量（数）」だけで判断せず、自分が求めている属性のお客がしっかり集まっているか？　その集客精度にこそ目を向けよう。

例えばあなたには、自分が一生付き合っていきたいと思える理想のお客様像が描けているだろうか？　もし、パッとイメージできなかったら、読み進める前に考えてみてほしい。その姿をリアルにイメージし、その人のライフスタイルやプレースポットをじっくり想像してみよう。間違ってもクーポンサイトやSNS投稿をあさり、安いお店をサーフィンするような、場当たり的で雑な生き方はしていないはずだ。

経営者にとってお店の看板は「人生そのもの」である。進んで安いお客と関わることで、自らその看板を汚すことは決して許されない。ゆえに僕は、紹介制という道を選び、愚直にそれを貫いてきた。多少時間が掛かっても、着実に心地のよいコミュニティーが膨らんでいくにつれ、業績も堅固に積み上がっていく。上質なお客だけと深く繋がり、高い価値観を共有しながら豊かな人生をエンジョイする。この喜びを、本書を通じてめぐり逢ったあなたという同志と共に分かち合いたいと切に願う。

How the Small Shop
Keeps Making Money

第4章

集客するな！
価値を売れ！

「いい人なんだけど、ゴメン……」

キミが走り去った教室で、僕はなす術もなく立ち尽くしていた。

ぽっかりと穴が開いたカラッポの心に、放課後の安っぽいチャイム音だけが虚しく響いた。


恐竜がどんな色をしていたか、はっきりわかってはいないそうだ。

ピラミッドがなぜつくられたのか、これもわかっていない。

切り裂きジャックも3億円強奪事件の犯人も、いまだに煙の中。

エイズや癌、薄毛の特効薬、これまた残念なことに発見される気配がまったくない。

いくら科学が発達したといっても、天気予報は相変わらず「天気予想」状態だし、地震予報は「予想」にすら届いていない。


考えてみると、世の中には無数の謎が溢れている。わかっていることより、わからないことの方が多いと言っても、決して言いすぎにはならない、と思う。

謎にだって種類がある。

「あ、今日、朝から奥歯にはさまってたのは小豆の皮だったのか!」

といった小豆クラスの謎もあれば、解けた瞬間に地球が勢い余ってトリプルアクセルを決めてしまうような大宇宙クラスの謎もあるだろう。

だが、教室で立ったまま意識を失いかけている僕の中に渦巻く謎は、ゆうに校庭8万周クラスを超えていた。

その謎とは——、

「ふ〜。さてと……それで？ 僕は何でフラれたんだろ。まだ告白もしていないのに……」

How the Small Shop Keeps Making Money

なぜ、努力が報われないのか？

〝なぜあの時、自分はフラれたのか？〟

確かに、恐竜やピラミッド、難病の謎からすれば、少しばかり地味かもしれない。だが、多くの男性たちにとってこの謎は、実に深刻なものに違いない。

なぜ世の女性たちが、誠実な男たちの一途な心をあっさりと踏みつけ、自ら、竹野内クンや小栗クン、手越クンやＩＳＳＡクンの餌食《えじき》となってゆくのかは、まったくもって謎である。

「おいおい、女の目ってのは、節穴なのか⁉」と、本気で疑ってしまう。

僕の友人のＭは、マジメ人間。連日連夜の残業漬け、休日返上もあたりまえで会社のために尽くしてきた。仕事のために家庭も健康も犠牲にし、ただひたすら昇進できる日を夢見てきた。だが、そんな彼を尻目にサクッと昇進を果たしたのは、やることなすことテキトーで、ただただ調子がいいだけの同僚Ｈ。

「いったい上司たちの目は、どこを見ているのだろうか？」

Mはあの頃、線路のホームに立つたび、迫りくる列車のライトに幾度となく吸い込まれそうになったという……。言わせてほしい。世の中って本当に……理不尽だ！

あなたの奥底にこんな謎は眠っていないだろうか？

人一倍マジメにがんばっている（はずな）のに、なぜだかちっとも評価されない謎。

性格もルックスも悪くない（はずな）のに、なぜだかちっとも女にモテない謎。

もしあなたがこの2大ミステリーにちょっとでも共感していただけたとしたら、この章には、そんなあなたが読まなければならない答えが詰まっている。青春時代の僕はまさしく今このミステリーを語るために存在しているような男だった。

まず性格。これは自分で言うのも照れくさいが、相当にいいヤツだったと思う。

次に外見。確かに道行く全女性が目をハートにして振り向くほどの容姿ではなかったにせよ、子どもが笑って指をさし、親に「見ちゃいけません！」と怒鳴られるようなマズい面では絶対になかった。もちろん、それなりにヤンチャもしたが、仕事だけはマジメにこなした。事実、僕の周りにはいつも愉快で気持ちのいい友達が溢れていたし、先輩にはよくかわいがられ、後輩からは深刻な相談を持ちかけられるほど慕われていたのだ。しかし、お金と女の子に関しては、悲しいくらい縁がなかった。

もちろん人並みに恋もした。当時、時間も金もなかった僕と、文句も言わず付き合ってくれた元クラスメイトの彼女。まるで、天使のように優しい子だった。だが、当時の僕に、彼女を喜ばせる知識も甲斐性もなく、挙句の果てには、ここではさすがに書けないようなカッコ悪い別れ方まで経験した。

いま現在、僕は五十半ばを超え、若い頃より明らかにブサイクになった。にもかかわらず、僕の周りには、美しい女性たちが溢れている。むろん特別な関係というわけではないが、職業柄、サロンスタッフやお客様をはじめ、モデルさんやタレントさんなど、仕事がらみの場合がほとんどではあるけれど、美しい女性とツーショットで歩く。高級ホテルで食事をする。青春時代の僕が見たらいったいどんな顔をするのだろう。

もう一度、青春時代に戻れるとしたら。よくそんなことを考える。他愛のない空想だけれど、少なくともあの頃と同じ轍は踏まない自信がある。

なぜなら、今の僕には、あの頃見えなかった答えが、はっきりすぎるほど鮮明に見えているからだ。

How the Small Shop Keeps Making Money

常連客に突きつけられた真実

ずいぶん前置きが長くなってしまったが、それには少しばかり理由がある。

第2章の最後に触れた、思い出すのもおぞましいある午後の悲劇は、きっと世の男性が一度ならずとも嘆いたことがある幾多の謎をも解く鍵となるはずだからだ。

それでは、たった一撃にして僕の人生観を変え、目に見える風景の色を一変させてしまったあの日の出来事について語っていこう。


その事件は、穏やかに晴れたある春の日の昼下がりに起こった。

僕は我が店のお得意客と、いつもの他愛ないトークを交わしていた。

そのお客様が不意にこう呟いたのだ。

「いつも中谷さんがくれる手紙やメール、あれってけっこうキモいわよね……」

彼女は悪びれることもなく、笑いながらこう言い放ったのだ。

僕は当然耳を疑った。よく聞き取れなかったな。なんか「キモい」って聞こえたような……。

すると彼女がたたみかけるように「どうしちゃったの中谷さん、キモいって言われて傷ついちゃった？　手が止まってるわよ～アハハ」。

追い打ちとは、まさにこのことだ。今度ははっきり聞こえた。顔では平静を装ったものの、あまりのショックに目は泳ぎ、背中には冷たい脂汗が滝のように流れた。

How the Small Shop Keeps Making Money

マメな会社の副作用

勉強嫌いが高じて職人の道を選んだにもかかわらず、経営者として生き残るために、大量のビジネス本を必死に読みあさり、夜な夜な経営セミナーに繰り出しては古今東西のマーケティングテクニックを身につけた。多大なコストと労力を費やし、時にはひとり閉店後のお店に残って、お客様にメールや葉書を書き続けた。そんな僕の努力は、常連であるそのお客様の目にキモい行動として映っていたのである。

しかも、あろうことかそのお客様は、うちの店でも1、2を争うロイヤルカスタマーだったのだからこれまたタチが悪い。

マメであることこそ、起死回生の王道マーケティング！　と疑うことなく声高に叫んでいた僕は、急に超ド級のいたたまれなさに襲われた。

その日の衝撃にすっかり凹んでしまった僕は、DM作成やニュースレターをサボる理由を得てしまった。

「キモいなんて言われるくらいなら、やめちゃえばいいんだ……」

僅かな後ろめたさを感じながらも、まるで幼少の頃の自分に戻ったような解放感を味わった。

そして約2カ月もの間、僕はすべてのマメな作業を完全に放棄し、いつしか腕一本で勝負する職人に戻っていたのである。

さて、ここからが面白い。つい先日まで、小手先のマーケティングにどっぷり頼りきっていたお店は、さぞかし窮地に陥ったことだと誰もが想像するだろう。ところが、こともあろうに儲かってしまったのだ。

当然、客足は落ちた。が、しかし、足が遠のいたのはフレンドリーさやアットホームさを求めて来店していた薄くライトな客層で、その空いた隙間をどんどん上質客が埋めていった。そんな不思議な現象が起こっていたのだ。

後にデータを検証してみてわかったのだが、**小手先のマーケティングで集客したお客の大半は、長居して様々な要望、不平不満をこぼす割には意外にお金を落とさないタイプの客層だったのである。**算数もろくにできない僕が言うのもおかしいが、数字はウソをつかない。

How the Small Shop Keeps Making Money

曇った眼鏡を外してみたら……

その現実に味を占めた僕は開き直ってお客様を選り好みした。すると困ったことにますます業績が伸びてしまったのだ。まさに「今までの苦労って何?」という話である。

さて、「なぜ儲かってしまうという現象が起こったのか?」。この疑問については後でじっくり解明していくとして、ざっくり分析すると、〝曇った眼鏡を外してみたら、純粋に価値で繋がっている上質なお客様だけがクリアに見えた〟ということだろう。

誤解しないでいただきたいのだが、基本的な接客レベルが必要ないという意味では絶対にない。かつて人生最大の窮地に陥った僕の店の危機を救ったのは、人の心に真摯に向き合う姿勢をおいて他にはなかったし、常にお客様の心を動かすドラマづくりを考えずして、すべてのサービス業は成り立たないのである。これまで僕は、鳴かないホトトギスを鳴かせるためにあの手この手を考えていた。それがマーケティングのセオリーではあるものの、結果的に僕の目を曇らせていたのである。

How the Small Shop Keeps Making Money

運命の人とめぐり会うためのツール

自動車業界を垣間見ると、僕らが若い頃に憧れていたセダンや高級外車は、今や完全に支持を得られなくなった。高級車という「モノ」に対する憧れの時代から「物語」、つまり、体験を買う時代へと移行したのである。CMのコピーも、「いつかはクラウン」から、「モノより思い出。」、「こどもといっしょにどこいこう。」というように変化し、その後は環境にも、私にも優しいエコという風潮へと変遷した。

そして今では「やっちゃえNISSAN」「PLAY THE NATURE!」「遊びゴコロにギアを入れろ」等、自由をもっと楽しもう的感覚が、コロナ禍を潜り抜けてきた今を生きる人々の気分であり、時代を映し出すトレンドになっている。

例えば、同じ銘柄のビールでも、居酒屋とホテルのラウンジでは値段が異なるはずだ。このように「価値」と「価格」を繋ぐものを「周辺価値」という。

周辺価値とは、馴染みのある言い方をすれば付加価値のことで、一般的にロケーションや空間設計、演出力、接客レベルなどを指す。デリカシーを人一倍重んじる日本という国だからこそ研ぎ澄まされてきた世界に誇れる文化ともいえよう。恥の文化で育ち、感受性が人一倍鋭い日本人ゆえに、マメなお店は間違いなく儲かる。

ただ、僕が先述のお客様の言葉に痛感させられたのは、人にはそれぞれ向き不向きがあるという現実である。

いくら金儲けのためとはいえ、自分の結婚記念日も忘れているようなものぐさな経営者に「マメになれ」と言うのは、いつも一日中寝ているうちの犬に「明日から一日中走り続けろ！　そしてエサは自分で見つけてこい！」と言うようなものだ。

人にはそれぞれの価値観というものがある。ざっくり僕なりに訳せば価値観とは相性だ。

例えば、ハンバーガーを買おうとする時に、よくマック派とモス派に分かれることがあるが、マック派の人は、マックのバリュー感やスピードに価値を感じているから、モスの「注文を受けてからつくる」というこだわりが刺さらない。

反対にモス派の人は、ハンドメイドの味わいや本物志向に価値を感じているため、マックのつくり置きシステムが気に入らないわけだ。

だが、真のグルメや、健康志向の人たちからすれば、マックかモスかは論点にすら値しない。庶民派であろうが本格派であろうが、所詮ファストフードに過ぎないのである。すべての人に好かれることは難しい。アンチ巨人もアンチキムタクもアンチ大谷翔平だって存在するのだ。

ここでひとつ考えてほしいのは、価値は、受け取る人によって高価値にも無価値にもなるということである。

A5ランクの松坂牛や神戸牛も菜食主義者にとっては1円の価値もないだろうし、甘いものが苦手な僕には、有名パティシエがつくる絶品スイーツや、千疋屋の高級フルーツでさえも拷問に近い。

つまり、価値とは、相思相愛の相手、いわば運命の人にめぐり会うためのツールだ。

刺青がなければ遠山の金さんも犯罪の裏づけを取れないし、印ろうがなければ水戸黄門もただのウォーキング好きなお年寄りである。当然、あなたにも誰にも負けないウリが必ず存在する。

よく「うちにはウリがなくて〜」と言ってはばからない人がいる。だが、それはウソだ。なぜなら、この世にあなたと同じ人間は存在しないからである。あなたにしかできないこと、そして、あなたにしか与えられないものが必ずあるはずだ。自分自身が積み重ねてきた経験こそ最強の強みなのである。

そして、その最強の強みのことを基本価値といい、またの名をリアルブランディングスキル（以下、リアブラ力）と呼ぶ。

忘れないでいただきたいのは、そのリアブラ力はあなたにとって、ひょっとすると「こんなこと？」と思うようなものかもしれないということだ。自分ではあたりまえすぎて、あまりに身近すぎて「これが俺の強みだというのか……」と凹むかもしれない。

だが、落ち込むことはない。断言する。紛れもなくあなたの技術や知識を、あるいは優しさや人間臭さを必要としている人が、この世の中にはたくさんいる。そして、それはアプローチ次第で、あなたのお店を明るい未来へけん引する絶対的な高価値になるのだ。

僕は、文字通り、人の情けに報いてこそ「情報」だと思う。あなたの隠し持っている（ことにすら気づいていない）宝物を、求める人のためだけに役立てることで、そこに美しい価値交換が生まれる。

How the Small Shop Keeps Making Money

ブランドの正体を暴く

では、いよいよシンプルかつ幸せに儲けるための具体的な方法論についてまとめていこう。だがその前に、ブランドとは、いったい何なのだろうか？

実を言うと僕自身、ブランドという非常にファジーなニュアンスを定義する適切な答えを見出せず、長い間悩んできた。

僕にブランディングのイロハを叩き込んでくれたキラーブランドの総帥・岸★正龍氏でさえ、この難題に対する苦労を著書『キラーブランドの始まりは、路地裏の小さなお店から…』の中で自らこう語っている。

〝ブランドが何かって質問には、正しい答えがないっていうのが正しい答えだって。正しい答えがないからこそ、みんなブランドが怖いんだって〟と。

ブランディングという言葉は一時、世の経営者の合言葉だった。「わが社はブランディングの道を邁進していく！」だの「ブランディングこそ不景気に勝つ唯一の術！」などともてはやされ、その後見事に廃れたように感じる。現に数年前と比べて確実にブランディングという言葉は聞かなくなった。

果たして、ブランディングとは〝金を生まないファンタジー〟だったのだろうか？

僕はそうは思わない。そもそものブランド観が間違っていたのだと思う。根底のブランドが持つ意味がぐらつけば、当然その上になるブランディングなんて単なる耳触りのいい言葉でしかない。

僕なりにブランドを定義させていただくなら一言、「信頼」と言い切りたい。自分らしさとお客様との約束を守り続けた結果、数々の伝説が生み出されるようになった状態と表現するのが一番真理に近いように思う。

例えば、かつて豪華客船のタイタニック号が沈没した際に、引き上げたエルメスのバッグの中身だけはなぜか濡れていなかったとか、リーバイスのジーンズは2頭の馬が逆方向に引っ張っても破れないとか、ZIPPOの炎はどんな強風の中でも消えないなど、ブランドと呼ばれるものには、不思議とまことしやかに語り継がれる伝説がある。これも岸氏の著書からの孫引きになって恐縮だが、僕が最も感銘を受けた伝説は、あの高級外車ロールス・ロイスの伝説だ。ここで簡単にご紹介しよう。

ひとりの紳士が、10年落ちの古いロールス・ロイスで旅をしている最中、不運なことに、砂漠の真ん中でロールス・ロイスがエンストしてしまった。困り果てた紳士がロールス・ロイス社のヘルプセンターに電話すると、なんと10分もしないうちに1台のヘリコプターが到着し、故障したロールス・ロイスを回収すると同時に、真新しいピカピカのロールス・ロイスを下ろして飛び立ったというのだ。

やがて、紳士は無事に旅を終え、いつまでも新品のロールス・ロイスを借りたままでは申し訳ないと、ロールス・ロイス社に電話で問い合わせたところ、電話口のオペレーターは、「お調べいたしましたが、そのようなサービスの記録は残っておりません」と、まったく取り合わない。

困り果てた紳士が、「いやいやそんなはずはない。確かに私の古いロールス・ロイスが砂漠で故障して……」と説明を繰り返そうとした瞬間、オペレーターの女性はその言葉をそっと遮り、優しく諭すようにこう言った。

「お客様、ロールス・ロイスは、故障いたしません」

初めてこの伝説を聞いた時、僕はあまりの感動に打ち震えた。ところが、実はこの話、まったくのつくり話なのだという。常日頃からのロールス・ロイス社の妥協のない品質へのこだわりが、きっとこうした美しい伝説を生んだということなのだろう。

「健康で美しい髪をつくり続けることに情熱を燃やす」。そんな僕らのサロンがいつしか世間からブランドと呼ばれる時、果たしてどんな伝説が生まれるのだろうか。

創業以来、僕の思い描いているイメージを話そう。

例えば、いつも通勤するバスの中で、お互いに意識し合っている2人の女性がいたとする。彼女たちは、ともに自分の髪の美しさを自慢に思っているが、いつも通勤のバスで一緒になるあの女性の髪もキレイだなぁと、実はお互いに気になっていたのだ。

ある朝、遂に2人は隣り合わせの席になり、自然と会話する機会に恵まれる。

「あなたの髪、とってもキレイですね。実はずっと気になってたんです」

「ううん、あなたこそとってもキレイ。どんなお手入れしてるのかと思ってたんです」

和やかな沈黙が流れ、ハッと何かに思い至った2人は目を見合わせて同時にこう発する。

「もしかして、……あなたもル・パッチ⁉(僕の店の名前)」

こんなエピソードが、全国のいたる所で噂されるのが僕の夢だ。そして、その夢は確実に叶いつつある。

How the Small Shop Keeps Making Money

ブランドもどきとリアルブランド

さて、ここからが本題だ。「リアルブランド」とは何か？　これについて具体的に掘り下げていこう。

実を言うと、あなたがブランドと思っている店の多くは、意外とリアルブランドではない。一見、それっぽく装ってはいるが、ブランドもどきである場合が多いのだ。

先ほど僕は、そもそものブランド観が間違っていたと書いた。ブランドとブランドもどきの混同こそが、ブランディングを〝金を生まない、いちノウハウ〟に貶めた原因だと言っても決して言いすぎにはならないだろう。

ブランドもどきとは、「ただ単に有名な店」を指す。その判断基準は、その店の名前を知っている人が何人いるか？　という指標だ。とくに大手企業の場合、有名であるかどうかは重要なキーであるから、一般的に、知名度が高い＝ブランドと混同されやすい。

だが、**本書でいうリアルブランドとは、店の大小にかかわらず、明確なリアブラ力、つ**

まり、その店に通う明確な理由を持っている店のことを指す。つまりその判断基準は、知られている知られていないで割り切るのではなく、「このブランドでなくちゃイヤ！」という人が何人いるかなのである。

例を挙げよう。セブン‐イレブンというコンビニの名前をおそらく知らない人はいないだろう。それだけ知名度は高い店ということになる。

ところが、「もし明日、セブン‐イレブンがなくなったら困るか？」と聞かれたら、「困る」と答える人が何人いるだろうか？　無論、家の近所から行きつけのコンビニが消えれば、それはそれで不便だろうが、代わりにローソンやファミリーマートがオープンするとしたら、おそらく問題は解決するはずだ。つまりこの場合、セブン‐イレブンは知名度は高いが、リアルブランドとは言い難いということになる。

では反対に、名前も知られていないしがない田舎町のコンビニがあったとする。例えば、函館にある「ハセガワストア」をご存じだろうか。おそらくあなたが、よほどの北海道通じゃない限りご存じないだろう。だが、この店にはたくさんの人が目当てにして訪れるという完全無欠の名物がある。その名物の名は「やきとり弁当」だ。

余談だが、函館や室蘭のやきとりは、どういうわけだか豚肉である。豚肉と玉ねぎを串に刺し、なんと店内で焼きあげてご飯にのせる。たったこれだけのシンプルな商品なのだが、食べてみると妙に病みつきになる。

だから、やきとり弁当の虜になった人たちは、函館に来るたび、この店に寄らずにはいられないというわけだ。ハセガワストアは、知名度こそ高くはないが、この店じゃないと満足しないコアなファンを大勢抱えている。これは、押しも押されもせぬリアルブランドだと言えるだろう。

つまり、知名度を高めるために膨大なPR資金を投入できない中小企業がとるべき戦略は、リアブラ力を熟成させることにある。小資本の会社は、間違っても一時だけの売名行為に、なけなしのお金を使ってはいけない。

生き残るためには、「潰れたら困る！」とお客様から未来永劫言われるお店、会社になることが先決なのだ。中小零細の経営者は、まずそのことを肝に銘じておいた方がいい。

第5章

なぜ、理想のお店には物語があるのか

How the Small Shop Keeps Making Money

価値で繋がるということ

リアブラ力とは、単純に商品力という意味ではない。他ではまず手に入らない〝絶対的オリジナル〟の基本価値を指す言葉である。

一昔前、リッツ・カールトンやアマンリゾートなどの影響を受け、東京のレストラン「カシータ」や福岡の美容室「バグジー」など、いわゆる〝感動系〟と呼ばれるビジネスモデルが脚光を浴びた。きめ細やかなホスピタリティーで最近人気を博しているゲストハウスウェディングもこの流れだろう。確かに、接客力や演出力などのいわゆる〝周辺価値〟も、徹底すればブランド力にはなりうる。

もし仮に、オリジナル商品を何ひとつ持たない商店を経営しているとしたら、当然のことながら、接客を軸とした〝周辺価値〟をウリにするしか道はない。

例えば、店長からバイトまで徹底してお客様全員の名前を覚えさせる。幼い子を連れたお客様がいらっしゃれば、片方の手で子どもの手を引いて帰れるよう、大きめの袋を2枚重ねにし、商品をひとつにまとめてお渡しする。

また、お年を召したお客様なら、商品の重さを分散できるよう、小さい袋2つに分けて両手に持たせてあげ、幼い子どもがひとりで買い物に来た場合は、お釣りを落とさないように、小銭を袋に入れて持たせてあげる。

朝練前の学生を「いってらっしゃい！　がんばって！」と元気づけ、残業帰りのサラリーマンには「お疲れさま」と笑顔を向ける。初孫ができたばかりのおじいちゃんなら立ち寄るたびに自慢の孫を褒めて差し上げるわけだ。ここまでストーリーを読んだ接客をすれば、多くの人はいくつかの競合店の前を通り過ぎてまでも、あなたの店へと通ってくれるだろう。

もうひとつ例を挙げよう。その存在だけで独自性の高い温泉が出せない、いわゆるお湯を提供するだけの「街のお風呂屋さん」や「スーパー銭湯」を想像してみてほしい。

お湯は所詮、お湯でしかない。そこで彼らは、富士の絵や薬湯サービス、マッサージチェア、冷えた牛乳から始まり、飲食やリラクゼーション、1000円カットやエステ、ネイルといった〝周辺価値〟に力を入れることに活路を見出すしかないわけだ。

だが、僕は断言する。結局、最後に生き残るのは基本価値だ。

軸となる商品力がなければ結局は長続きしない。先ほどの銭湯のように物理的にオリジナリティーを追求できない一部の職業を除いて、周辺価値オンリーで勝負するのはやはり危険である。一時の気の緩みが、そのまま失客に繋がりかねないからだ。

いくら上げ膳据え膳で飲み食いさせたとしても、今の相手より数段イイ男やイイ女に言い寄られれば、人間はいとも簡単に寝返る。

反対に、他では絶対に手に入らない圧倒的なリアブラ力さえあれば、接客力などたいした問題ではないのである。

あなたの地元にもないだろうか。たいしてキレイな店でも、接客がいいわけでもないのに、どうしても立ち寄りたくなってしまう絶品の味を出す店が。

これらの隠れた名店は客寄せパンダのような周辺価値では勝負していないのだ。

僕のサロンにも当然、基本価値と呼べるリアブラ力がいくつも存在する。

一般にはあまり知られていないが、髪を染めるためのカラー剤というのは結構な毒薬である。

例えば、農薬で自殺を図ろうとした場合、500ccぐらいの量が必要らしいが、カラー剤なら、ほんのひとさじ舐めるだけでスカッと爽やかに逝けるらしい。

さすがに僕も試したことがないので、その真相は定かではないが、いずれにしてもカラー剤に含まれる有害な化学物質が皮膚から吸収され、多少なりとも内臓に負担をかけるという経皮毒の危険性は、かなりの信ぴょう性をもって多くのメディアが取り上げている。

そこで、僕の経営するサロンでは、独自の方法でカラー剤の毒性を可能な限り中和、除去し、「カラーエステ」というオリジナルメニューとして提案している。

企業秘密なので詳しいことは明かせないが、毒性を中和したその薬剤に、髪に必要な栄養素をバランスよくブレンドすることで、「しみない」「臭わない」「傷まない」、そして染めるほどに髪にツヤが増す夢のカラーメニューが誕生したのだ。

その価値を明確に表現するために、僕の店ではカラーリングではなくカラーエステという新たなカテゴリーネームで表現した。

その価値を熟知しているうちのお客様は、絶対に他の美容室では髪は染めないし、スタッフたちもうちのサロン以外で髪を染めることはまずない。

「しみる」「臭う」「傷む」、さらには「体によくない」というのがカラーの常識として消費者に広く深く認知されつつある現状において、その真逆を行くカラーエステ。

あなたはここでひょっとしたら初めてカラー剤の毒性や経皮毒を知ったかもしれない。あるいはその毒を中和できる事実に初めて触れたかもしれない。

するとどうだろう。僕の店オリジナルのカラーエステに、他にはない価値を感じないだろうか？ 無理を承知の割安感や、一過性の物珍しさには決してない、真の価値を実感できはしないだろうか？ ほんの一例ではあるが、これがこの店でなくてはならない理由、つまりは我がサロンのリアブラ力である。


このように、明確なリアブラ力を掲げ、目的地に近づいていくと、意外といらないものが多いことに気づく。

美容室ならお客様が望んで次回の予約を必ず取り付けてくれるようになれば、休眠客を掘り起こすためのおうかがい葉書やメールなどを送る必要はなくなるわけだ。

つまり、花畑牧場の生キャラメルなみに、グリコが美味けりゃオマケはいらない。ビックリマンチョコがGODIVAより美味しければ、おまけのシールなど必要ないのである。価値で繋がるというのはそういうことなのだ。

How the Small Shop Keeps Making Money

「地域密着」の落とし穴

「商売を繁栄させたいなら地域密着でいきなさい」。これまで実に多くの先輩たちから幾度となくこう教わってきた。

だが、この近所付き合いという名の周辺価値を、価格というシビアなスケールで見ると、その存在は限りなく怪しいものになる。

僕自身、かつては自治会の行事や神輿《みこし》の会などにも可能な限り参加し、近隣の人たちとも非常に仲よくさせていただいたが、悲しいかな、うちのサロン内でご近所の人たちの姿を頻繁に見かけるかというと、案外そうでもない。

半ば都会半ば下町という浦安の環境下で、うちのサロンの敷居が若干高いのは重々承知しているが、何も知らない仲じゃないのだから義理で通ってくれてもバチは当たらないはずだ。そう、実はここに周辺価値の限界が存在するのである。

その原因とは、価格である。

実を言うと、近隣の競合店との価格差が1・5倍を超えたあたりから、地域密着型ビジネスは成り立たなくなる。なぜなら、「イイモノであれば金に糸目はつけない」というタイプの人というのは、全体から見ればやはり少数派に過ぎないからだ。

事実、僕の経営するサロンはご近所さんだけではなく、独自の基本価値を求めて、わざわざ遠くから足を運んでくれる多くの人たちに支えられて成り立っている。

つまり、**無理なく、そしてストレスのない正当な価値交換を実現するためには、周辺価値という変化球頼りの地域密着型ビジネスモデルから、基本価値という直球で勝負するオンリーワン型へチェンジすることが重要なのだ。**

では、巷に氾濫するこの地域密着型のビジネスとは、いったいどんなものを言うのか。キャッチコピー風に定義するとこうなる。

- 老若男女どなたでも。もちろんご家族でのご利用も大歓迎
- お忙しい方のために朝早くから深夜遅くまで営業
- すべてのお客様に満足いただけるサービスを目指します
- お客様のあらゆるニーズにお応えします

・宅配や出張サービスも行っています

一見、常識的かつ模範的なビジネスモデルである。でも、ここで今一度、冷静に見直してみてほしい。座り心地の悪い椅子に座らされたような、ぼんやりとした違和感を覚えるのではないだろうか。「あれ？ これが本当に、お客様第一主義……かな？」と、あなたが少しでもこのように感じたとしたら、あなたは自分の感性の鋭さに大いに自信を持つべきだ。あなたの感じたそれは、右記の定義を恋愛に置き換えればよりはっきりする。

・オレ、タイプは選ばないよ。誰でもいいからデートしてよ
・オレ、ヒマだから一日中待ってるよ
・誰の言うことだって聞いちゃうよ
・あなたが望むなら何でもしますご主人様
・電話くれたらどこにでも会いに行くよ

どうだろうか？ もし、あなたが女性ならぜひうかがいたい。

こういう男性に「魅力」を感じますか?

こういう男性を「信頼」できますか?


さらに、もしあなたの弟だったらどうだろうか。「自分を安売りするな!」と怒鳴るはずである。つまり、安売りとは「ディスカウントのことだけ」ではないのである。


続いてもうひとつ質問だ。

あなたの会社は「大丈夫」だろうか?

たいへん不躾な質問だったかもしれないが、今や、節操のない会社は信頼されない時代。信頼とは「一貫性」からしか生まれないのである。

あなたの会社やお店が「地域の生活者のため」「お客様のため」と信じて行ってきたあらゆる行為が、上記に数%でも重なったとしたら早急な見直しを強くお勧めする。

How the Small Shop Keeps Making Money

嫌われないから好かれない!?

誰だって人に嫌われるのはイヤなもの。それは僕だって例外じゃない。とくに、相手が女性となればなおさらである。ところが、実はここに大きな落とし穴があることに気づいておいた方がいい。

ここで、A子さん、B子さん、C子さんという3人の女性に登場してもらおう。そしてそれぞれに、「あなたの嫌いなタイプの男性を教えてください」という質問を投げかけてみる。すると当然3人の女性から、まちまちの答えが返ってくることが想定できるわけだが、そこでもし僕が、すべての答えを真っ正面から受けとめ、どの女性からも嫌われないように努力を重ねたとしよう。すると、きっとそこには何の魅力のない、絵に描いたような普通クン、通称「いいヤツ」ができあがっているはずである。

誰にも嫌われないかもしれないけれど、ゆえに誰も魅了できない……。いてもいなくてもいいヤツというわけだ。

勘のいい人なら、もうすでにお気づきかもしれないが、**オンリーワンビジネスにおいて最も重要なのは、皆から嫌われないよう無難に装うということではなく、自分が本当に付き合いたい人に好かれること。**

本命を落とすことである。どうでもいい相手に媚びる前に、「おまえは誰に愛されたいんだ？」ということなのである。

例えば、あなたがA子さんを落とすのが目的なら、B子さんとC子さんに嫌われたっていいじゃないか。

ブランドを目指す経営者も同様だ。要は「狭めて捨てる勇気」が不可欠なのである。「あれもこれもほしい！　全部が本命！」。このような会社は実際に数多く存在する。「だって客商売でしょ？　すべてのお客様は神様でしょ？」という経営者も星の数だ。しかし、僕からすると本来の目的を履き違えている姿にしか見えない。

皆さんは、「とみ田」というつけ麺屋をご存じだろうか。全国のラーメンランキングでも常に上位にランクインする、いつ行っても行列の絶えない人気店だが、あの濃厚な魚介豚骨のスープは、苦手な人も少なくないだろう。

だからといって「とみ田」が先ほどの会社や経営者のように「すべてのお客様に満足してもらわなきゃ！」と、魚嫌いや豚骨嫌いの人たちを気遣って、あの独特の個性を消してしまったらどうだろう。今まで支持してくれた多くの人たちを裏切ることになってしまう。

反対に、味噌・塩・醤油はもちろん、担々麺からカレーラーメンまで、様々なメニューを豊富に取り揃えた大手のラーメンチェーン店は、そうそう嫌われることも少ないだろう。だが、明日その店が潰れて困るかといったら、それもやはり疑問だ。すなわち、「誰にも嫌われない店」＝「どうでもいい店」という図式が成り立つわけだ。

僕も十数年前に最初の飲食店、「極濃つけ麺 プルプル55」という名のつけ麺屋をプロデュースした。新手のランパブのような屋号に、「ゴーゴー食べてプルプルに♪」というキャッチフレーズを冠した怪しいラーメン店ではあったが、狙い通り、女子高生やＯＬたちの間にそのニュアンスが瞬く間に浸透していった。

「今日のお昼プルる？」とか「帰りにプルってこうよ」などというふうに。

この店のリアブラ力は、先述の「とみ田」同様に、ここに来ないと食べられないほどの驚異的な濃厚さなのであるが、無論それだけには留まらない。

もうひとつ、ターゲットの心理を緻密にイメージしたストーリーが仕組んであったのだ。

この店のカテゴリーは、ズバリ「美と健康のジャンクフード」である。

プルプル55のラーメンスープは、美と健康のベクトルを全力で〝逆走〟する極めつけのこってり濃厚系だ。しかしメニューを見れば、美肌系、燃焼系、デトックス系、食物繊維系など、美と健康を彷彿とさせるストーリーが刻まれている。

だがこれらのお手軽な奇抜さや、もっともらしいウンチクをならべて、美に敏感な女性たちを惹きつけようなどという姑息な考えは微塵もない。そもそもラーメンやつけ麺に、美や健康を期待する人などいないということは百も承知なのだ。

あの時、僕が試みたのは、ラーメン店に対する女性のアウェイ感を取り除いてあげることと。そして、ジャンクを食すことへの後ろめたさを取り除いてあげることである。

この店のメインターゲットは、隠れジャンキー。

普段摂生していながら、お酒が入ると強固な意志が見事に崩壊し、揚げ物や肉類に走ってしまうあなた。日頃は小食に努めていながら、スイーツ食べ放題を目の前にすると別腹という呪文を狂ったように唱え始めるあなた。ドラッグストアで化粧品を買いに行く際、無意識に新作カップ麺やスナック類をカゴに入れてしまうあなた。つまり、いたるところに潜伏するジャンクフード好きな美容オタクやジャンクフード好きな健康オタクがターゲットである。

さて、少々遠回りしたが、僕がここで伝えたかったことは、**お客を選ばない会社はお客からも選ばれない**ということである。

世の中には、あなたの価値をわかってくれるヤツもいれば、わかってくれないヤツもいるのだ。ゆえに、イヤなものをイヤだと認め、潔く手放した時、正しい距離感が見えてくる。少々気取った言い方をすればビジネスは〝生き方〟そのものなのである。

オンリーワンビジネスは物語を生む

地域密着ビジネスから脱却し、オンリーワンビジネスへ移行するためには、プライスやサービスなどの周辺価値ではなく、お客様と基本価値で繋がることが重要である。あくまでもオンリーワンビジネスの基本は、魅力づくりなのだ。

魅力的な会社には、必ずオーナーの信念に基づく物語がある。信念のある店がどのくらい優位な立場にあるか、蕎麦屋を例にとって解説してみよう。

どこの街にも、品揃え豊富な蕎麦屋はある。蕎麦もあればうどんもあり、カツ丼もあればカレーライスもあるという店。中にはラーメンやギョーザまでやっている店もある。そしてこの手の店はだいたい無料で宅配サービス（出前）までやり、とことんお客中心のビジネスをやっているにもかかわらず、お客からもらえる対価はたかだかお駄賃程度。

このように、常に鬼ごっこの鬼のようにお客様に密着しようと躍起になっているビジネススタイルを、一般的に地域密着型ビジネスと呼ぶ。

一方で、頑なに十割の手打ち蕎麦一筋にこだわる本格派の蕎麦屋もある。こういう店は人里離れた山中など、大抵はへんぴなところに構えていたりするのだが、それでも連日、遠くから蕎麦通のお客が訪れる。数量限定で、到着した時にはすでに売り切れていて食べられないこともあったりするのだが、こうした店は、ありつくまでのプロセスまでもが値打ちになっているのだ。

このように、一見お店中心に見えるビジネスモデルをオンリーワンビジネスと呼ぶ。常にお客から追いかけられる立場にあるため、いただける対価もうんと高い。営業時間は一日のうちわずか数時間で、ほんの3口で食べ終わるせいろ1枚が2000円以上する店もざらである。

リアブラ力とは、例えるなら雨の日に早起きして、不快な満員電車を乗り継いででもその店に通う理由となりうる価値をいう。そして、その店の魅力を育むのは、あくまで自身の商品に対する頑ななまでの本気度なのである。

ひとつの商品に懸けている店主の本気。その信念こそが、物語を生み、魅力を育み、「そこでなければダメ！」というリアブラ力へ昇華するのだ。

結局、お客様との関係を相思相愛に持ち込むためのシナリオは、惚れた相手にとことん尽くし相手に選ばれるか、間違いなく自分に惚れる相手を選ぶかの2つしかない。僕なら断然、後者を選ぶが、果たしてあなたはどちらのビジネスモデルに魅力を感じるだろうか。

どちらのビジネスモデルをチョイスしても、まずは、売り手が本気にならなければ、本気の客は釣れない。

ましてや後者の「間違いなく自分に惚れる相手を選ぶ」を選択した場合、自身のリアブラ力を探ることが何よりも重要になる。熱狂的なファン客を引き寄せるためには、2つの問いに対する答えを見つけ出す必要がある。

自店のチャームポイント、PRポイントはなんだろうか？
お客様が自店を選び、通う理由はなんだろうか？

その本当の答えを見つけ出し、ウリにすることが最初の一歩なのだ。
それではここで、オンリーワンビジネスの成功例を紹介しよう。
わりと新しい例としては、スパイスカリーでブレイクしている大久保の「SPICY

CURRY 魯珈」が挙げられる。おそらく「SPICY CURRY 魯珈」はスパイスカリーというカテゴリーに絞ったからこそ、リアルブランドとして不動のポジションを確立した。もし普通のカレー屋で日本一になろうとしたなら、相当の苦労と努力は想像に難くない。

カレー屋という一見ニッチに思える分野でも、全国におおよそ5000軒近くのカレー屋さんが存在するのだ。そこを、スパイスカリーというさらにニッチなメニューに絞ってリアルブランドを確立した魯珈の戦略は、まさに見事としか言いようがない。まさしく、オンリーワンビジネスのお手本である。

手前みそだが、僕もかつて2軒目の飲食店「本気の焼豚 プルプル食堂」をプロデュースした際に、この手法を使わせてもらった。やはり、日本にいくつあるかわからないラーメン店で天下を取るのは容易ではない。そこで僕は、「うちはラーメン屋じゃない。焼豚専門店だ!」と居直り、カテゴリーチェンジを試みたのだ。すると面白いことにラーメンに対する悪いレビューは一切なくなる。結果として僅か1年で、地域の食べログラーメンランキングにおいて1位を記録した。リアルブランドへの最短プランを試みた実験の、貴重な成功体験である。

要するに、技術職や専門職であれば、オールマイティーであることよりも〝尖った何か〟を持っている方が、圧倒的にリアルブランディングを進めやすい。

ここまで言うと、「言いたいことはわかるけど、残念ながらウチにはそんなもんないよ！」と言う声が聞こえてきそうだ。だが、それはあくまで「店を客観的に見られない、店の人」の意見に過ぎない。

たとえひとりでもあなたの店に通い続けるお客様がいるという時点で、「あなたの店でなければだめ！」という〝尖った何か〟が必ずあるはずなのである。

ただひとつだけ注意する点を挙げるとすれば、常に一貫した信念を持つこと。そしてその想いが自分にとってウソがないかどうか、常に自分と真剣に向き合うことだ。

お客様は、その会社やお店にウソがあるかないかをシビアに見ている。その基準のひとつが一貫性。

実社会においてもそうだろう。一貫した行動をとり続けられる人が、信頼を得やすいように、一貫している会社は必ず信頼を生む。そして、この**一貫性こそがあなたの会社やお店のファンを着実に増やし、リアルブランドへと導く。やるからには、徹底的にやる。とことんやった会社だけに物語は生まれるのである。**

物語を持っている店と持っていない店とでは、お客様から見た時の魅力が違う。真に魅力的な商売とは、お客と喜びを共有できること。「誰に何を売るか」、そして、自分のビジネスを通じて「どう生きたいのか」を考えてみるところから始めてみよう。

リアルブランディングとは

ここまでの話を読み進み「リアルブランディングってつまり？」という疑問を抱かれているかもしれない。今までの話を要約せよと言われれば、「リアブラ力を持って商売しようよ」である。

集客が思うようにいかない経営者はその要因を探るのに躍起になってしまうことがある。僕もかつてはそうだった。簡単に経営者の悩みのプロセスをたどってみよう。

まずは一番噛みつきやすい国とか時代、不景気に向かって嘆く。それに飽きると今度は商圏にできた競合店や盛大に安売りを行う店を目の敵にする。やがて「それでは何の解決にもならない！」と気づき自分の店に目を向ける。

そして前述の周辺価値の強化に傾注する。

このやり方だと、ものの見事に自店のリアルブランディングスキルを無視している。というよりまったく気に留めていない。

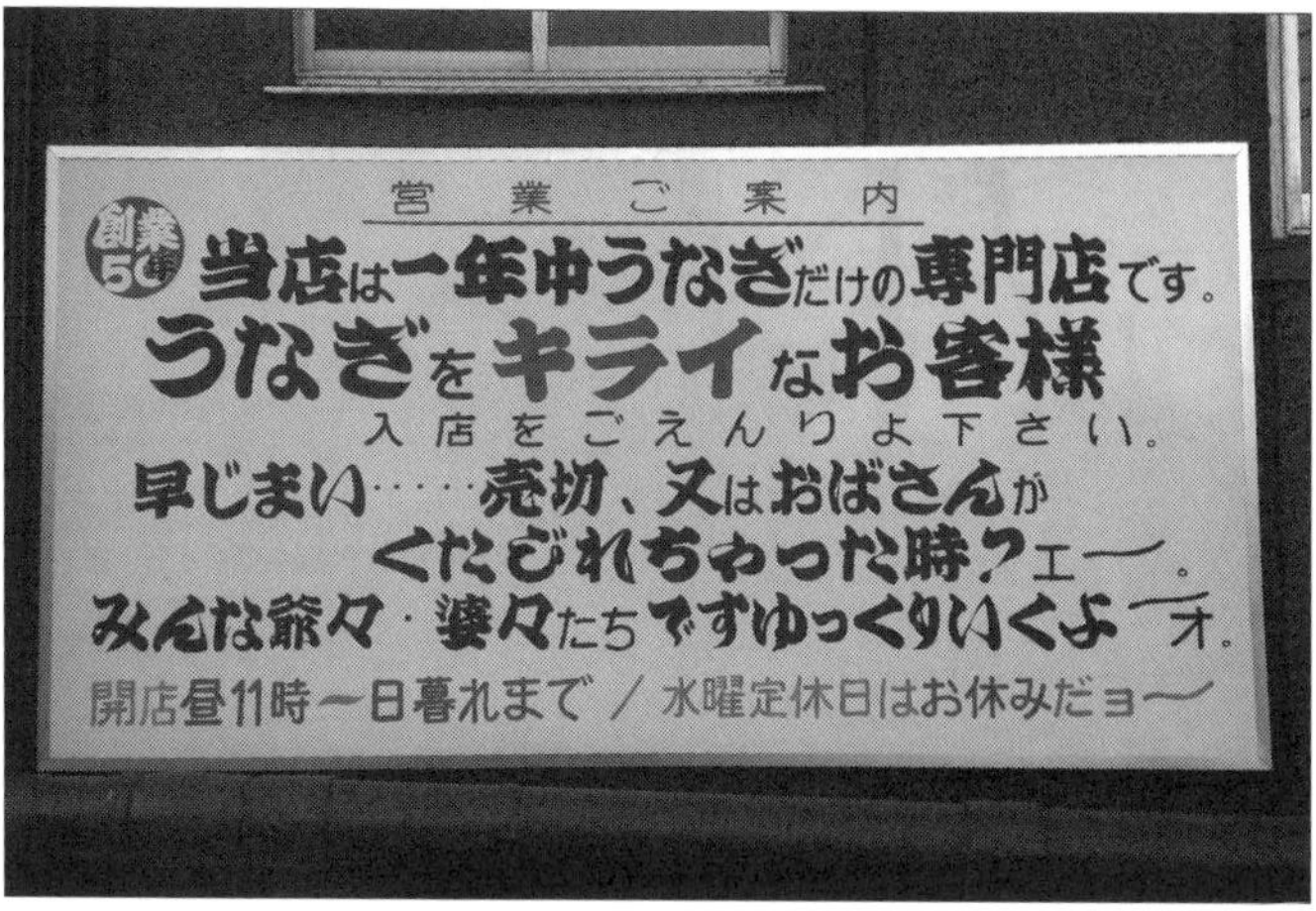

リアブラ力をもつとは、あなたの店に通う理由を明確にし、誰に何を売るかをハッキリさせることだ。

あなたの〝志〟から生まれた本物の価値を、わかってくれる人にだけ提供し続け、熱狂的なファンを育てていくことなのだ。

プロセスだけを読むとずいぶん地道な作業に思えるかもしれない。

だが、第1章の冒頭にあった「不易流行」という言葉をもう一度思い出してほしい。どんな時代でも、本物の価値を知る本物のお客様との絆を育むことだけが、揺るぎない本物の安定を生むのである。

上の写真は、僕の友人が営むうなぎ店の看板である。明治天皇に奉納したという由緒正しき伝統を持つ老舗とは思えないほどポップな看板だが、そこには、「美味しいうなぎを求める人だけに、とびっきりのうなぎを食べさせたい」という明確なリアブラカ、そして、そこに秘められた志がしっかり見てとれる。

前に登場した魯珈やプルプル食堂も同様で、美味しいスパイスカリーを食べたい人に、美味しいスパイスカリーを提供し、美味しい焼豚を食べたい人に美味しい焼豚を提供し続けてきたのである。

一般論を語るが、経済は価値交換で成り立っている。例えばマックのハンバーガーを涙が出るほど美味しいと感じる人は、おそらくそれほど多くはないはずだ。

それなのになぜ、マックは世界Ｎｏ．１のファストフード店にのし上がったのか。その秘密は、マスプロの時代に合ったボリュームとスピード。その気になれば10分で食事を完了することも可能なマックの価値観が、バブル期のスピード化時代、あるいは若者のアクティブなシーンにピタッとはまったのである。要するに、時代と相思相愛だったわけだ。

ところが、この手のビジネスモデルは、常々時代に左右されるという落とし穴がある。合理性を求めるスピード化時代が終わり、人々がゆとりと本質を求める時代に突入し始めた途端、価値交換が成立しなくなるのだ。その結果、盛大なディスカウントに行きつく他ない。事実、デフレ時代の真っ只中には、ハンバーガー59円という時期があった。

僕をはじめとする資本の少ない中小零細企業は、こうした流行に左右されるビジネスモデルを選ばない方が賢明だ。流行に流されないビジネスモデルをつくるためには、「お店のウリを明確にする」ということに集約される。


これがまさにリアルブランディングの原点である。繰り返しになるが、非常に重要な箇所なので、もう少し具体例を挙げてみよう。

もしあなたが居酒屋を営んでいるとしたなら、メニュー豊富な大衆居酒屋より、ひとつの素材に特化したこだわりの専門店を目指した方が、リアルブランディングには適していると言える。リアルブランドとはいかに熱狂的なファンが多いかどうかを示すもの。それほどシンプルだ。根強いファン客をしっかりとつかめば、流行や景気に左右されずより強固で盤石な安定を手中にしやすい。

例えば、道ゆく人に「この辺で魚料理の美味しい店はありませんか?」と尋ねたとしよう。そこで一番に名前が出てくるようなお店なら、おそらくどんな不況にも影響されないはずだ。地域密着ブランドなどではなく、地域にアテにされている、なくてはならない立派なリアルブランドと言える。

職種によっては、屋号で勝負するのもありだろう。例えば小児科が専門の開業医なら「○△こどもクリニック」と名付ければ、インフルエンザやノロウイルスが流行るたびに行列ができる。あるいは、縮毛矯正が得意な美容室なら「クセ毛のお医者さん」なんて屋号もいいだろう。とくにクセが酷くなる梅雨時期には大盛況間違いなしである。

また、うちの近隣に「まんぷく食堂」という定食屋があるが、決して値段は安くないものの、常に腹を空かせた人で満席である。ここもやはり、ネーミングのもつ功績は大きいだろう。

ちなみに、僕の経営するサロンで最も売れている商品は「美髪伝説」というシャンプー剤である。その商品自体、使えば使うほどにキレイな髪になっていくという優れものだが、最も優れているのは、そのネーミングだ。

何ひとつ説明しなくとも、商品の基本価値を語ってくれているのだから。

まとめ

「リアブラ力（リアルブランディングスキル）」の定義

「その店に通う理由」「その店でなくてはならない理由」になりうる価値。恋愛に例えると「わたし、あなたじゃないとダメなの」の理由になりうる明確な基本価値のこと。

「リアルブランド」の定義

規模の大小にかかわらず、揺るぎない信念と志から生まれた「明確なリアブラ力」（その店でなくてはならない理由）を持ち、ブレずに研ぎ澄まされた経営を実践している企業・お店のこと。

「ブランドもどき」の定義

例えば銀座などの一等地に出店し、ネーミングの浸透度は抜群であるがいまいち「明確なリアブラ力」が見えてこないお店や企業。

「リアルブランディング」の定義

リアルブランドを構築するための方法。揺るぎない信念と志から生まれた「明確なリアブラ力」を浸透させ、正当な価値交換を実現することにより、ユートピアビジネス（大好きな人たちに囲まれて、幸せな時間を過ごしながらも、きちんと儲かる状態）が育まれる。

How the Small Shop Keeps Making Money

「鳴くホトトギス」だけを集める方法

それではいよいよ、自店のリアブラ力を見つけ、理想のお客様だけを集める方法についてお伝えしていこう。

リアルブランディングとは、決して崇高なビジネスモデルではない。人が幸せに生きるうえで、とてもシンプルでナチュラルなユートピアビジネスである。ユートピアとは、大好きな人たちに囲まれて、幸せな時間を過ごしながらも、きちんと儲かる状態のこと。そして、その実現のためには、正当な価値交換を望める理想の相手を見つけること。それに尽きる。

リアルブランディングの最終目的地であるユートピア。その到達に向け、価値をわかってくれる人の数をコツコツと増やすことが毎日の仕事である。それは、自社の理念に共感し、自社の商品を圧倒的に支持してくれる人を、たったひとり見つけることからすべてが始まる。

そのひとりを徹底的に満足させることで自店の「リアブラ力」を認識させ、正確な口コミを発生させる。そして、その価値を求める人の数を着実に増やしていく。これがリアルブランドを構築していく上でのプロセスである。**リアルブランディングにおいて忘れてはいけない重要なポイントは、「ユートピアビジネス」＝「相思相愛ビジネス」であるということだ。集客のツボは、数でもスピードでもなく〝質〟である。**

この時の価格設定はあくまでも踏み絵。自社の理念や商品に響く、いわば「鳴くホトトギス」か否かを見極める重要な要素である。その意味でとらえれば、リーズナブルな価格の提案は極力避けるべきだ。最初から鳴かないホトトギスに媚びてしまえば、その時点でゲームオーバーである。高い価値交換を望める相手なら、客数などは少なくてもよい。ただし、目指すべきは固定客１００％だ。

とにかく数を集めて、そこから固定化する客が何％……というこれまでのマーケティングセオリーとは真逆である。これが決して大風呂敷でないことは、これからじっくり説明していく。志を高くもつと必ず試練がやってくる。人が自分の器以上のことをやろうとすると、困難な状況に陥るのは当然なのだ。

それを打開する方法はただひとつ。そのテーマについて徹底的に悩むこと。少し悩んで休憩しちょっと行き詰まって頭を冷やし、混乱し始めたらまた明日考えるというサイクルを繰り返すタイプの人がいるが、僕はこれが得策だとは思わない。本気で道を開きたいとあなたが願うなら、とにかく迷い、ひたすら悩み、そして休みなく考え続けるべきだと思う。

道が開けるということは、方法を間違えていたことに気づくこと。そして脳は、動くことでしか気づきに達しない。もしあなたがこの本を読みながら、煙が立ち上るほど脳をフル回転させているのだとしたら、正しい道を歩んでいることの証左だ。

経済は今も昔も、心理学で動いている。好景気も不景気も、すべては人の心に左右されるというわけだ。物販で言えば、モノが売れるのではなく、人が買う。つまり、100個の商品が売れたということは、単純に100人の心が動いた結果というわけだ。

多くのビジネス書で、語り尽くされたこの辺の話を今さら蒸し返すつもりは毛頭ないが、今のご時世、儲け続けている会社は例外なく、人の心を一途に見つめ続けてきた会社であることは紛れもない事実だ。

結果の出ていない会社に限って「売上よりも顧客満足！」などと声高々に主張するが、よくよく考えてみれば矛盾だらけである。ビジネスの目的は、1にも2にも利益を出すことであり、顧客が満足しているからこそ売上が上がり、繁栄するという図式は、誰にでもわかる道理だ。戦略的にブランド化を進めた会社が儲かるのではなく、儲かった会社だからこそ、はじめてブランドと呼べるのである。

会社が儲かるという現象は、お客様と社員から慕われている証。反対に、お客様が来なくなる、もしくは社員が辞めるという現象は、恋愛に例えれば破局を意味する。

しばしば恋の終わりというのは、見限られたと解釈されるが、実際はそうとも限らない。儲かっていない多くの会社は、最初から付き合う相手を間違えているのだ。喉が渇いている相手に冷たい水を差し出せばありがたがられるが、潤いを求めていない相手に水を差し出せば、それはただのありがた迷惑でしかない。

繰り返し言っていることだが、経済は価値交換だ。高い安いではなく、その価値がほしいかどうか。つまり、恋愛もビジネスも相手に好きになってもらわないと始まらないのである。理想の客だけ集めるための方法は、実にシンプルである。売り物を絞り、ターゲットを定め、プライスダウンは絶対にせず、価値と想いを伝える。たったこれだけのことだ。

How the Small Shop Keeps Making Money

「価値」と「想い」の伝え方

「価値」と「想い」を伝えるとは、つまりリアブラ力を明確にし、リアブラ力をカタチにして、リアブラ力を伝えるということである。

STEP1　リアブラ力を明確にする！

商品力を探る、ターゲットを絞る

STEP2　リアブラ力をカタチにする！

ミッション、クレド、USPの作成

STEP3　リアブラ力をしっかり伝える！

効果的な媒体を選択し、告知する

○リアブラ力を明確にする

最初に「誰に何を売るか」をハッキリさせる。つまり、**自分の売るべきものを見極め、付き合うべき相手を見極める**ということである。

リアブラ力を明確にするためには次の3つの問いに答えることが有効だ。

- 問1　あなたは自分のビジネスにおいて「この仕事をしていてよかった！」と感じたことがありますか？　もしあるとしたら、それはどんな瞬間ですか？
- 問2　あなたの提供する技術や商品は、お客様のどんな欲求を満たしてあげられるでしょうか？
- 問3　あなたが一生付き合いたいと思う理想のお客様とは、いったいどんなタイプの人なのでしょうか？

この質問に難なく答えられたとしたら、あなたはすでに、繁栄するに十分なダイヤの原石を手にしていると言っても過言ではない。あとは輝く日をじっと待つだけだ。

ちなみに僕は、クリアな答えを出すまでに半年かかった。焦ることはない。あなたもじっくり自己と向き合い、問いかけ、答えを見つけてほしいと思う。

○リアブラ力をカタチにする

続いて、「リアブラ力をカタチにする」とはあなたの店に通う理由をカタチ（伝えやすい言葉）に落とすということである。

ちょっと難しくなるが、このあなたの店に通う理由をカタチに落としたものを「情報価値」という。それでは、情報価値の重要性についてお話ししていこう。繁栄する店としない店の違いは、情報価値にあると言っていい。

例えば、同等の味（基本価値）と、同等のロケーションや接客レベル（周辺価値）を持つ立ち食い蕎麦屋で、片方の店には行列ができ、もう片方の店では閑古鳥が鳴くという現象が起きているとしたら、間違いなくそれは情報価値の差によるものである。

つまり、「美味しい蕎麦あります！」と謳う420円のかけ蕎麦と、「枕崎産の鰹節と鹿児島産の枯れサバ節をふんだんに使用した無添加の極上つゆ！　店主手打ちの蕎麦との相性抜群！　初めての方はまずは〝かけ〟で！」と謳う420円のかけ蕎麦ではお客の味わう姿勢がまったく違う。**つくり手や売り手の物語がきちんと伝わっているかどうかで、提供するものの魅力に差が出るのだ。自社の商品に意味を持たせ、拡販するために情報価値の力を有効に活用すべきである。**

意味をもった想いのカタチが社会的背景を巻き込むと、そこに「ミッション」が確立され、圧倒的世界観が構築される。

参考までに、僕の経営するサロンのミッションを紹介しよう。

〜Mission〜

私たちLe.Patch INTERNATIONALは
今を素敵に生きることにプライドを持つ
選ばれし大人たちのブランドとして
「美の本質は健康」という理念のもと
健やかで美しい髪を創る技術と
真のリラクゼーションを追求し続けます

ミッションというのは、一朝一夕に構築できるものではない。そこでミッション構築のための第一歩として、情報価値をコピー化し、エレベーターメッセージにまとめるのが理想である。エレベーターメッセージとは、エレベーターに乗ってから降りるまでの間に自社のウリを明確にアピールできるほど簡潔な言葉のことだ。

例えば、「吉野家」のエレベーターメッセージはご存じ、「うまい、やすい、はやい」。僕のサロンのエレベーターメッセージは「健康で美しい髪をつくる店」である。

さらにその上をあなたが目指すのであれば、そのエレベーターメッセージにのせた想いをキャッチフレーズというカタチにしてみてもいい。

僕のサロンの例を挙げると、「すべては、健康で美しい髪のために……」である。女性を本質的に美しくするためのサロンゆえにメニューはもちろんのこと、素材、照明、ＢＧＭ、アロマ、インテリアに至るまで、僕は徹底的にこだわった。

なぜなら、人が細胞レベルから本当に美しくなるためには、心身ともにリラックスできる環境が必要だと信じているからだ。想いが込められたキャッチフレーズだけが人の心に響く。

さらに、正確な口コミを発生させるためには「ミッションレター」を作成することをお勧めする。飲食業やサービス業などでは、メニュー表などにさりげなくエレベーターメッセージを載せておくというのもいいだろう。リアブラ力の核は、自店のウリに加えて、オーナーのこだわりや美学、そして何よりも本気度である。人間を動かすのは、やはり人間臭さ、本気にならなきゃ大物は釣れないというわけだ。

○リアブラ力を伝える

この段階において重要なことは、ターゲットのライフスタイルを想定して、慎重に媒体を選ぶことだ。

もしあなたが、会社勤めのOLやひとり暮らしの若い女性をターゲットに設定したのなら、間違っても、地域のコミュニティーペーパーやメルマガへの広告掲載を選んではいけない。最近のマンションのセキュリティー事情を考慮すればコミュニティーペーパーそのものが届くかどうかも怪しいし、メールを通信手段として使わなくなった彼女たちはメルマガそのものに縁がない。いかなる時代においても、常に「お客様のストーリーを考える」ということが必要なのである。

How the Small Shop Keeps Making Money

ビジネスは売り手と買い手の恋愛ドラマ

そして、**絶対に厳守すべき注意点は、決してディスカウントに走らないこと。**これに尽きる。第1章でも述べたが、安売りは「価値」を求めるお客ではなく、「価格」に響いたお客を呼び寄せてしまう。

所得に関係なく、人にはそれぞれ優先順位というものがある。前にも述べたが、食を第一優先で考える人が100円均一で食料品を買うことは絶対にないし、美を第一優先で考える人は、おそらく1000円カットの存在すら知らない。中途半端な価格の店が、不景気のあおりを受けてしまうのも、〝どっちつかずのお客〟をたくさん抱えているからに他ならない。

この理屈で話を進めれば、共感のチャンネルに響いて来店したお客様は、来店したその時点で相思相愛である。価格ではなく、お客様とリアブラ力という絶対的な「価値」で繋がることで、最初から美しい価値交換が可能になるのだ。

自身の職業における「こだわり」や「想い」を、真摯に伝え続けることにより、そこに、共感のチャンネルが生まれる。つまり、チラシや広告宣伝を打つ時に、お店のこだわりを伝え続けることで理想のお客様だけを集めることができるのだ。

これは求人においてもまったく同じことが言える。キャンペーンをするとバーゲンハンターしか集まらないように、給料や待遇をエサにして釣ったら、ろくな社員は集まらない。僕のこれまでの経験でも、ろくに働かないスタッフに限って給与や待遇に不満を漏らすものだ。反対に、オーナーの想いや美学に共感し集まったスタッフたちは、仕事に対するモチベーションが高い。別に奇跡でも運でもない。初めから相思相愛関係なのだから、同じ志を共有できるのは当然なのである。

そして、理想のお客様だけを集め続けることで、マネジメント的にも功を奏し、常に安定した数字を構築していくことが可能になる。簡単に説明すると、次のような流れである。

理想のお客様だけを集める（共感・相思相愛）

自分の想いに共感してくれる相思相愛なお客だけを集める

お客様の満足度が上がる（リピート率が上がる）

満足度上昇、リピート率アップ、自店のファンで埋め尽くされる状態に

社員のモチベーションが上がる（強固なコミュニティーの実現）

自店を本気で愛する顧客にだけ接することで、スタッフのモチベーションも上がり、「わかり合える理想郷コミュニティー」に着実に近づく

理想とする相手と出会えた時、人はそれを運命と呼ぶ。それはビジネスにおいても同じである。ゆえに、ビジネスにおける成約率およびリピート率は、プレゼンする人間の雰囲気がすべてと言っても過言ではない。十中八九、そこに生まれる雰囲気ですべてが決まる。圧倒的な商品力はそれだけで十分な価値をもつが、これを「いくらで売るか？」

つまり、価格設定を高く設定すればするほど、その価値と価格を繋ぐ周辺価値の重要性の比重が増す。高級レストランでは、料理はもちろん、スタッフ一人ひとりが気品をまとい、そこにある空気すら高貴なものに感じる。それと同じことだ。

ゆえにすべての社員は、〝俳優〟であることを自覚すべきである。

優秀な企業は皆、社員一人ひとりが、そのポジションや役割の中で、どう自分を演じるか？ということをきちんと把握し、演じている。あの東京ディズニーリゾートが脅威のリピート率を誇るのも、すべてのスタッフをキャストと呼び、そう位置づけ、その役割を徹底させているからに他ならない。

魅力的な店とは、「何度も行きたくなる店」である。ビジネスは、売り手と買い手の恋愛ドラマだ。常に大切にしなければいけないのは、デートに出かける時のような、あのワクワク感である。あなたの付き合いたい人たちにとって、あなたやあなたのお店が魅力的に映ることが重要なのだ。

How the Small Shop Keeps Making Money

ルーズソックスの法則

お客様を大別すると、3種類に分けられる。ひとつの優れた商品を提案した時に、一目散に食いついて自らファンになってくれる自燃性のお客と、時間の経過とともに少しずつ響いていく可燃性のお客、そして、決して最後まで振り向かない不燃性のお客という3つのタイプだ。

ブランド戦略の肝は、地道に自燃性のお客の数を徹底して増やしていくことだ。数はパワーだ。自燃性のお客の数がある一定数にまで達し、それなりに認知度が上がってくると、そこに自然と求心力が生まれる。

すると、今まで響かなかった可燃性のお客までが手のひらを返したように動き出すのだ。

僕はこのような現象を密かに〝ルーズソックスの法則〟と呼んでいる。

クラスで最初にルーズソックスを履き始めた女子生徒というのは、ある意味特異な存在であり、クラスメイトからも怪訝な目で見られるかもしれない。そして、この時点では明らかに校則違反であるわけだから、おそらく教師からも大目玉を食らうだろう。

しかし、もしその子が圧倒的な美貌の持ち主で、スラッと伸びた長い足に履いたルーズソックスがカッコよく映ったとしたらどうだろう。間違いなく、何人かの女子が真似をする。

こうしてルーズソックスを履く女の子が増えていき、クラスの3分の1を超えた時、最初は「ナニそれ～?」と怪訝な顔をしていた大多数の女子が動き出す。「みんな履いてるから」といってルーズソックスを買いに走るのだ。そしてこの時点になると、学校の校則でも、かつての禁止は容認に変わる。

数はパワーであり、正義だ。やがて、最後まで校則を守って、ルーズソックスを履かなかったマジメな生徒の方が少数派となり、今度は変人扱いされるのである。

要するに、**あなたのリアルブランディングが成功するか否かは、ここに辿り着くまでの痩せ我慢ができるかどうかだ。必要なのは経営者の覚悟だけ。あなたが、覚悟を決めた時点で世界は変わるのである。覚悟とは、どんなに苦しい時もブレない志を持って商売をするということだ。**

ブランド戦略は、売り込みじゃなくてファンづくり。だからこそ、時間を要する。

我が店Le.Patchを訪れた人なら一度は目にするものがある。

それはお店のエントランス脇に掲げた、僕らの想いを刻んだプレート。ここに並べられた愚直なまでに正直な言葉たちから、僕らの覚悟を僅かでも感じ取ってくれれば、望外の喜びだ。

こうして僕の店は、気づきという名の舟にリアルブランディングという名の帆を上げて、ユートピアの待つ遥かなる海へと漕ぎ出した。

私たちの想い

〝美の本質は健康〟であると私たちは考えます。

創業以来、健やかで美しい髪を創る「本物の技術」と、
心身の疲れを癒す「真のリラクゼーション」に、私たちはこだわり続けてきました。

今のスタイルがお気に入りなら、行きつけのヘアサロンを変える必要はないと思います。

お急ぎの方やプライスダウンをお求めの方も、他の美容室をお探しください。

Le.Patchは、決してリーズナブルなサロンではありません。

有名なチェーン店でも、ラグジュアリーな大型サロンでもありません。

でも、もしあなたが、本当に美しい髪質を本気で手に入れたいとお考えなら、
ぜひ一度私たちにご相談ください。

私たちは、あなたの人生を変える自信があります。

Le.Patchは小さなサロンだからこそ、
お客様一人ひとりの〝キレイ〟のために本気です。

How the Small Shop
Keeps Making Money

第6章

戦わずに勝つ経営

episode 5　向かいにできたライバル店

「先生! 向かいにできるの、美容室みたいです!」

僕の経営するサロンの目の前にあったコンビニエンスストアが潰れ、なんとその跡地に姿を現したのは、超大型美容室チェーン店、T。

想像してみてほしい。あなたの店の前に、巨大な競合店ができたところを。

そのTは、推定60坪、セット面12台。同業でなければピンとこないかもしれないが、ちょうどうちのサロンの3倍の規模だ。


昨日まで、「今度は何ができるのかな～」などと期待に胸をふくらませていた能天気なスタッフの面々に呼びかけ、緊急ミーティングが開かれた。

「さあ、どうする?」

先ほどまで店内に漂っていたのどかな空気は一変し、沈黙が流れた。

その沈黙を破ったのは、マネジャーの牧田だった。

「よしっ! みんなで文句言いに行きましょうか!」

「……」

ダメだ。あまりに突然の出来事に、コイツの脳ミソが筋繊維のみでできているということを、みんなすっかり忘れてしまっていた。

ところが、である。牧田が発したあまりに稚拙な意見に、さっきまでの張り詰めた空気は一気に崩れ、次々と活発な意見が出始めた。怪我の功名とはこのことである。

しかし哀しいかな、内容は――、

「悪口を言う！」

「いいや、甘い。アッカンベーする！」

「それも甘いよ。実力行使、おしりぺんぺんだ！」

……小学生以下である。いつからうちは髪も切れる幼稚園になったのだ。

いつも物静かな最年少の福永が、思いつめた表情で呟いた。

「ボク、火をつけてきます」

いやいや、ちょっと待て！それ、犯罪だから……。

コイツはいつも、真顔でとんでもないことを言い出すからコワい。目もかなりマジだし……。

「そうだッ、夜逃げ屋本舗に電話して、夜逃げするってのはどうスか！」

いじられ役の林田が、目をキラキラ輝かせて言ったが、事態が事態なだけに全然ジョークになっていない。相変わらず空気の読めないヤツだ。

時間だけが経過し、過酷な状況が次第にリアルさを増していく。店内が一気に暗く悲壮感に包まれようとしたその瞬間、突如として、チーフの渡部が勇ましく吼《ほ》えた。

「戦いましょ！」

そうだ。まだ負けたと決まったわけじゃない。一瞬にして、みんなの瞳に光が戻った。

しかし、その光の奥には、まだまだ不安の影が色濃く残っている。

「戦うって、どうやんの？」

戦うといっても、相手が相手なのだ。Tは、高級ホテルなどを中心に、全国１００店舗以上を構える超マンモス企業。おまけに美容の専門学校まで所有しているときた。資金力、ネームバリュー、どう挑んでも敵うはずがない。

誰もが頭を抱え込んでいたその時、唯一の女性スタッフである大山が、退屈そうに呟いた。

「男の人ってどうしてそんなに戦うのが好きなのかしらね」

ポカンと口を開けた男たちを尻目に、大山は涼しげに続けた。

「戦わなくても、勝てる方法ってあるんじゃない？」

大きく伸びをする大山の背中は、今日も根拠のない自信に満ち溢れていた。

How the Small Shop Keeps Making Money

敵を間違えるな

先に紹介したエピソードは、正真正銘の実話である。

といっても、ノンフィクションは目の前に大型美容室ができたという事実のみ。実際は、先方に申し訳ないほど、何の脅威も感じていなかった。

よく強がりで「全然平気」発言をするオーナーがいるが、失礼な話、スタッフの中にも誰ひとり動揺する者はおらず、文字通り眼中にない状態。それどころか、電話での受け答えが横柄な方や、無理な要望を押し付けてくる方などへは、「お向かいにも美容室がございますよ♪」と優しく教えて差し上げる始末である。

相手はセット面12台の超大型店、対してこっちは4台の小規模サロン。常識で考えれば勝負する前から、勝敗は見えている。

だが、僕らはもうすでに、ストイックにリアルブランディングを実践中。すなわちそれは、「異彩を放ち、戦わない経営」だ。僕らが目指すのはあくまでもユートピアビジネス。

幸せに、しっかり儲けるビジネスモデルを実現するために、向かいにできた美容室Tや、商圏地域の競合店を即敵と見なすのは根本的な間違いである。

僕らがより真剣に向き合わなければいけないのは敵ではなく、自分自身の想いなのだから。

そこで僕たちが最初に実践したのは、より徹底して付き合うお客を選ぶことだった。

僕らは日々「より豊かな生活」を夢見て生を歩んでいる。よき仲間。よき時間。よき仕事。よき暮らし。それらを目指し、意識的に、あるいは無意識下でそのための取捨選択を行っている。

つまり、暮らしとは、自分なりの「豊かさ＝ユートピア」に向かい、選択し続けること。そんなふうに言い切っても決して間違っていないはずだ。現に、友達も恋人も選んでいる。僕に言わせれば「じゃあ、なぜお客は選ばないの？」って話なのである。誰にでも愛想を振りまく節操のない会社は、やがて自らの首を絞めることになるのだ。

お客様を選り好みすると儲かってしまうという法則については、すでに第4章～第5章でじっくり語ったが、ではなぜお客様を選り好みすれば儲かるのか？ここでもう一度、分析していこう。

選り好みが正しい3つの理由

理由①「マーケットの縮小」

国立社会保障・人口問題研究所の公開データによると、日本はいよいよ出口の見えない人口減少化時代の真っ只中へと突入した。正式に言うと初めてではなく、江戸時代後期以来だが、我々はその時代にはまだ生まれていないので、初めての経験というわけだ。

ところが実際は、予測データよりさらに深刻な事態が予想されている。多くの産業において、大幅にマーケットが縮小していくことが懸念されているのだ。

こうした時代に、低価格で量販を目指すという戦略は、あまり賢い選択ではない。薄利多売のビジネスモデルは人口増加や景気の上昇などにより、需要が十分にあってこそ成り立つものである。軒並み人口が減っていく日本において、これから最も重要なスタンスは、優良な顧客とのより強固な結びつきだ。

理由②「好みの細分化」

また、今の日本は逃げ場のない情報化社会である。様々な問題が浮上し、多くの企業が頭を抱えているのも、すべては情報化社会の副産物だ。

インターネットの普及に伴い、人々の好みが細分化された結果、「万人受け」「万人向け」といった言葉は遠い昔にみた夢のように、今では存在していたことすら不思議に思える。

理由③「格差社会」

日本は〝一億総中流〟といわれた高度成長社会から、実力主義の〝格差社会〟へ様変わりした。高度成長社会は、就職試験さえパスすれば何のスキルもなくとも年功序列で出世でき、反対にどんな資産家も、3代相続を繰り返せばほとんど財産なんてなくなってしまうという公平なのか不公平なのか、よくわからない時代であった。

高度成長社会は、お客の数＝売上という実にシンプルな図式のため、当然のことながら集客するほど会社は儲かる。だが、少数の勝ち組と呼ばれる人たちが富を持ち、ほとんどの人たちが貧困にあえいでいる格差社会となった現在、集客すればするほど苦しくなるわけだ。勝ち組と負け組に完全に二分化された今、景気や時代の波にのまれ本当に苦しんでいる人と、同情して困ったフリをしている人がいるというわけである。果たしてあなたの会社の顧客は、どちらに位置する人たちだろうか？

格差社会におけるターゲティングは量より質である。

さて、3つの理由を見てきた。では、ここで「鳴かないホトトギスはどうすればいいのか」を考えてみようと思うが、これは人それぞれの人生観の問題でもある。

結論から言うと僕は、何もしない。「身も蓋もない！」という声が聞こえてきそうだが、別にホトトギスが鳴こうが鳴くまいが、それはホトトギス自身の問題なのだ。ただ、どうしても鳴くホトトギスが必要だと言われるならば、そのホトトギスは諦めて、別のホトトギスに取り替える。僕にこうした身軽（軽薄？）な感覚が備わった理由、それはおそらく僕自身の生い立ちにあると思う。

僕は母子家庭で育った一人っ子。世間ではワガママでつかみどころのない人間に対して用いられる言葉である。お菓子も母親の愛情も独り占め。自分が、兄・弟・姉・妹というポジションに立つことで生まれる理不尽な環境にまったく触れずにぬくぬくと成長してきた。

「お兄ちゃんだから！」「妹なんでしょ！」という理不尽なカテゴリーにとらわれることなく「あなたはあなた」「自分は自分」という、いうなれば「自我形成の無菌室」的環境で育った一人っ子は、人一倍自分が楽しい、気持ちいいと思うモチーフに対し貪欲かつ正直であり、兄弟や姉妹を持つ人間にはない、特有の性質を持っている。

「好きなものが好き＝単なるワガママ」と片付けるのは簡単だが、間違ってもホトトギスを無理やり鳴かしたり、ホトトギスを殺してしまう部類の人間ではない。少しばかりカテゴリーが違うのだ。争いを好まず、確立した自分の理想郷の中に入れてもいいと思う人だけを慎重に吟味するのである。その審美眼というか識別センスだけは、鬼と呼ばれても仕方がないくらい厳しいと思う。

捨てる勇気

少々回りくどくなってしまったかもしれないが、ここでこの章の核心を率直に言わせていただくと、「本気で儲けたいなら、付き合う客を選べ！」ということである。

それでもまだ多くの人は、「でもお客様を選り好みなんかしちゃ売上が減るのでは？」と思うだろう。無論、うちのサロンミーティングでも少なからずそのような意見が出た。

しかし、それは明らかな錯覚である。実際に、自分が経験したから断言できる。それを裏づける根拠をお話ししよう。

根拠1　たった20％のお客様が売上の約80％を占めている

パレートの法則（80：20の法則）をご存じだろうか。多くの企業の場合、上位20％の優良な顧客で売上の約80％を占めているという法則だ。

例えばその優良な顧客の満足度を高めることにだけ情熱を傾け、その人たちが、1人ずつ優良なお友達を紹介してくれたとしたら、残りの80％を全部捨てたとしても、売上は160％にアップすることになる。極端かもしれないが、あなたの会社で、毎月コンスタントに1000万円以上使ってくれるお客様がいたら、間違いなく、そのお客様の満足度だけを考えるだろう。家業に近い規模の会社なら、このお客様1人が落としてくれる売上だけで御の字である。同時に固定客100％を達成したことになる。まあその分、そのお客様にもしものことがあったらというリスクはあるのだが。

ただし、80：20の法則は反作用があるので注意が必要だ。

例えば、空気を読めないひとりの客のために、他のお客様が不愉快な思いをしたり、スタッフのモチベーションが下がってしまったという経験はないだろうか？　こうしたお客様は、迷わず切り捨てるのが経営者の仕事である。高飛車な言い方に聞こえるかもしれないが、ブランド戦略の肝は、しつこいようだが付き合う客を選ぶ。

すなわち、「狭めて捨てる」勇気なのだ。

根拠2　イヤなお客ほど実はケチんぼで、いいお客ほどお金を使う

この根拠2に関しては大多数の共感を得られる自信がある。

もしあなたが僕と同じヘアサロンの経営者だと仮定した場合、果たしてどちらのお客様と付き合いたいだろうか？

- オシャレな人 or 無精な人
- 明るい人 or 根暗な人
- 気前のいい人 or ケチな人
- 何でも喜んでくれる人 or 無反応な人
- マメに来てくれる人 or 滅多に来ない人
- おまかせの人 or 口うるさい人

考えるまでもなく、前者と付き合いたいはずだ。「だったら遠慮せずに、そうしましょう！」ということである。「そりゃあそれが理想だけどさぁ、でも仕事なんだからしょうがないだろうよ、食ってかなきゃなんねぇんだから……」という声が聞こえてきそうだ。が、果たして本当にそうだろうか？ そろそろ、少しずつでいいから固定観念という足かせを外してみてほしい。前者と後者を分析すると単純にこうなる。

【前者→美意識が高く、サロンに通うことが楽しみなお客】

美しくなること、気持ちいいことに興味を持っている。にこやかで金払いがよく、勧めるものを喜んで試してくれて、もちろんマメに通ってくれる。

【後者→美意識が低く、髪が伸びたから仕方なく来るお客】

当然1円でも安く、1分でも早い方がいい。美や快適なものに価値を感じないからいつもムスッとしている。近隣にカット1000円店ができたら間違いなく流れるお客。

お客様は、決して神様ばかりではないのだ。嫌いな人にエネルギーを使えば、大好きな人に使うべきエネルギーが減るということを意識してほしい。後者に無駄な労力を使うなら、本当に付き合いたい理想的なお客様に全身全霊を傾けた方がずっと楽しいし、経営的に見ても効率的である。それにはまず何より、前者だけから愛される店になることが先決である。「上質客とだけ付き合え！」ということだ。選ぶべき相手は、迷わず、あなたを幸せにしてくれる人。

つまり、本当に大切なことは、大切にすべき人を大切にすることなのである。繰り返すが、ユートピアへの道程に戦いは存在しない。勝利のみがある。

「社員は財産」は本当？

続いて、この常識について考えてみよう。というより、あなたと一緒に疑ってみたい。一般的に、「社員は財産」というが、果たして本当だろうか。カーネギーやドラッカーをはじめ、偉い人たちは皆そう口を揃えるが、鵜呑みにするのは少しばかり危険である。

もう十数年も前になるが、僕の経営するサロン「Le.Patch」と「OLIVE」の店長が、立て続けに独立をするという時期があった。

他でもない弟子たちの成功は、師匠である僕としても鼻が高く、当然喜びもひとしおであった。だが、突如としてビッグエース2人を欠いた両サロンは大ピンチ。

あいにく次に続く人材が育っていなかったことに加え、新卒の募集もかけておらず、結局はごく最近スタイリストデビューを果たしたばかりの若い青年2人が、新店長として、それぞれの店の舵取りをすることになったのである。

ベテランの域だった前店長たちに比べ、経験の浅い新店長たちは、今思えば本当に大変だったと思う。それにより当初は、足が遠のいたお客様もいたし、あまりよくない口コミも書かれたりした。

それが僅か2カ月後、2大エースを失った上に人数的にも手薄になったはずの両店の売上は、あろうことか大幅に前年度比を上回っていたのである。

この不思議な現象を冷静に分析すると、ピュアな2人の新店長は、右も左もわからぬゆえに僕の経営哲学を一心不乱に吸収し、周りも必死な2人に触発されて、彼らをなんとか盛り立てようと一致団結。そして何より、そんな空気を察してくれた常連のお客様たちが、文字通りサポーターのように優しく支え包んでくれたのだ。力強くも美しいスパイラル。大人の優しさって本当に素晴らしい。

若い2人を立派な店長に育てあげ、サロンのブランドを崖っぷちから救ったのは、蓋を開ければオーナーの僕などではなく、他でもないお客様だったのである。

経営者になって30年以上経つが、この時ほど僕は、コミュニティーの素晴らしさ、力強さ、そして温かさを感じたことはなかったと思う。

僕の知る限り、社員の気持ちに妨害されて前に進めない会社が多く存在する。例えば新橋あたりの居酒屋で、延々と会社や上司の愚痴を並べ立てているサラリーマンたちと居合わせる場面が多々あるが、これらの輩があなたの会社の社員だとしたら、それでも財産だと言えるだろうか。正直言って、僕ならいらない。

経営者なら、これは認識しておいた方がいいと思うが、使う側と使われる側では明らかに立場が違う。使われる側にいる者は、多かれ少なかれ無意識に会社に依存しているがゆえに、たとえどんなに好条件を与えても、少なからず不平不満は出てくるものなのである。

所詮この世は、上見ればキリなし、下見てもキリなしだ。優秀な社員のやる気やスキルは、確かに会社の「資本」にあたるが、社員の愚痴やマイナス感情は、はっきり言って「借入金」である。経営者は、社員の不平不満などに、いちいち耳を傾けていては仕事にならない。そんな雑音は右から左でいいのである。

経営者のやるべき仕事は「志」をブレずに持ち、勢いをつけることである。ビジネスというのは結果がすべて。会社の業績アップが、自分の誇りや達成感、そして未来への希望に繋がった時、すべてはＯＫ、まるく収まるものである。

つまり、人は城、人は石垣。というのは、ひとつの理念のもとに、一枚岩になった仲間であるからこそ使える表現だ。**単純に「社員が財産」なのではない。経営者の掲げるミッションに、「共感し、わかり合えた社員こそが財産」なのである。**

僕の友人は、とあるスーパーマーケットに勤務していたが、どうでもいい日用品以外は、自分の勤めているスーパーでは買わないでいた。勤務が終わった後、他のスーパーで買い物をして帰るのである。これが何を意味するのか、おわかりだろうか。

ちなみにこのスーパー、名のある老舗だが、数年前に親会社が変わるまで長らく業績不振にあえいでいた。

他にも、大手化粧品会社の社員が、哀しいかな自社商品を使っていないという例なども、職業柄、僕は多く知っている。価格の問題、品質の問題、モラル的な問題など理由はいろいろあるだろうが、僕が経営者なら絶対に許さない。

自社商品を愛せないスタッフに、会社のミッションは語れないし、会社の看板は背負えない。

経営者の不幸だけを取り沙汰するつもりはない。この場合、社員の方もまた不幸なのである。自社商品を愛せないなら、その会社にいるべきではないし、自分が愛用する商品メーカーに勤めるべきである。先ほどの僕の友人も、自分が買い物をしたいお店に勤務した方が幸せだったはずだ。

社員が自社商品を愛していない会社は絶対リアルブランドには育たない。これは火を見るより明らかである。スタッフにすら伝わっていない経営者の想いが、お客様に伝わるはずなどないのだから。これからは、皆で同じ「価値観」を共有し、同じ「ビジョン」を思い描けてこそ、「繁栄」という言葉をひとり占めできる時代なのだ。

How the Small Shop Keeps Making Money

理念をインストールする

本当なら、こんなにシンプルで簡単なはずの繁栄の法則を、なぜだか難しくしてしまうのがマネジメントの問題である。

小さなお店のリアルブランディングとは、オーナーから社員、そしてお客様までが「同じ色の血を流すこと」によってのみ成り立つのだ。一番難しいが、怠けてはいけないのが、共に働く社員に対する理念のインストールなのである。

例えば僕の経営するヘアサロンの場合、艶やかで美しい髪をつくるのが情報価値、つまりお客様との約束であるわけだから、もし社員の髪にツヤがなかったらどうだろう？ 説得力なんて言葉を持ち出すのもおこがましい、まじりっ気なしのウソっぱちになる。

うちのサロンが、もしその社員の髪をキレイにすることができないのなら、オーナーの採るべき選択は2つ。その社員のクビを切るか、店を閉めるかだ。社会人としてあたりまえのプロ意識を、オーナー自身がもてるかどうかが重要なキーになる。

そして、自分の店を本物のリアルブランドに育てるためには、社員一人ひとりに、少しでも多く本物に触れさせる機会を設けることが必要である。外資系ホテルのクオリティーの高い接客や、有名企業で働く人々のプライド、シェフの想いがディテールまでいきわたった料理など、本物に触れる経験や体験を重ねれば重ねるほど、社員の感性は研ぎ澄まされていく。僕の店では、いつも頑張ってくれているスタッフたちを時折食事に連れて行くことにしているのだが、その時はできるだけ本物に触れられる場所を選ぶように心がけている。

さらにもうひとつ、社員の接客感性を育ててくれるものに「お客様の声」がある。これは社員とお客様に、お店のリアブラ力を認識させるためのツールである。

勘違いしないでほしいのだが、「お気づきの点があればお知らせください」というようなクレーム集めでスタッフのモチベーションをダウンさせるのは論外である。社員とお客様がリアブラ力に秘められた経営者の志を理解するためのシナリオが組まれていなければ、お客様の声集めは何の意味も持たない。

例えば、目玉商品がカレーパンのパン屋なのに、メロンパンやバゲットの欠点ばかりに注目されても困ってしまう。ウリがカレーパンなら、カレーパンに対する想いやこだわりをしっかりとお客様に伝えたうえで、コメントをいただくことが重要なのである。ちなみに、僕のサロンで実施していたアンケートは、ほとんど誘導尋問だ。

実例を紹介すると――

「私たちは、ご来店されたすべてのお客様に、健康で美しい髪をつくる技術と心安らぐひとときを提供することを最も大切な使命と心得、日夜ミーティングを重ねております。まだまだ至らぬ点が多く、反省の毎日ですが、お客様の本当に喜ぶお顔と温かい一言が何よりも私たちスタッフの励みになっています。ぜひともあなたさまのお声をお聞かせくださ い」

いかがだろうか。まさに謙虚そのもの。これで悪いことを書く人はまずいない。

誤解しないでいただきたいのだが、これは決して小賢しいテクニックなどではない。美しい価値交換が行われたかどうかを確認するための有効なツールだ。

型の一致しない血液を輸血すると拒絶反応を起こすように、とかくビジネスにおいても、オーナーから社員、そしてお客様まで、同じ色の血を流すことが最も重要なテーマなのである。

真のコミュニティーとは?

リアルブランディングにおける目的は、理想のスタッフ、そして、理想のお客様との絆をさらに強固にすること。自分らしく、無理をせず、そして幸せに稼ぐことである。

ゆえに、リアルブランドの構築における命綱は、「理想のお客様と理想のスタッフ以外は入れちゃダメ！」ということである。明確なリアブラ力を持ち、真のコミュニティーを構築することで生まれるメリットをいくつか挙げてみよう。

《リアブラ力が明確な店は……》

- 理想のお客様だけと付き合うことができる
- 毎日の仕事が楽しくなる
- ラクに単価アップ&売上アップが可能
- ほしい時にほしい売上が手に入る

• 景気に左右されず常に安定した売上をキープできる
• 自分の好きな時に休暇を取れる
• 豊かで幸せな生活が未来永劫に約束される

そして、最も美しい事実は、誰でも必ずリアルブランドを確立することができるということだ。コミュニティーを僕なりに翻訳すれば「わかり合える集団」となる。お客様との関係が強固になれば、自店に対する理解度が深まる。つまり、自店のサポーターになってくれるわけだから、当然自分たちのペースでビジネスを展開できるわけだ。

講演先などで、こんなことばっかり言ってると、「中谷さんはロマンティックですね。でもビジネスはそんなに甘いもんじゃないですよ」という目でよく見られる。やはりあなたもそう思うだろうか？ 無理もない。新しい時代のモデルはなかなか認められないものだ。でも、残念なことにそう意見する常識的な人のほとんどは、高度成長時代のマスプロモデルから抜け出せずにいる。

人口減少はどんどん加速していく。人口減少化時代に重要になるのは、優良顧客とのより強固な結びつきである。これまでの常識は、もはや何の価値も持たないのだ。

How the Small Shop Keeps Making Money

お店のブランドレベルをチェックする

コミュニティーとは、志を通じた「わかり合える集団」であることはおわかりいただけたと思う。その関係がどのくらい構築できたかを測るのが、左のブランドレベルチェックだ。

チェックする際のキーワードはひとつ、「同じ色の血が流れているか」である。

- 【レベル1】会社の想いやこだわりが明確になっていない
- 【レベル2】会社の想いは明確になっているがお客様にはまだ伝わっていない
- 【レベル3】会社の想いやこだわりが徐々にお客様に伝わり始めた
- 【レベル4】会社の想いやこだわりが完全にお客様に浸透している
- 【レベル5】会社の想いやこだわりを通じてお客様とスタッフが明確なリアブラ力を共有している

告白するが、僕の店でもようやくレベル4に届いたあたりである。このトンネルは思いのほか細くて長い。それでももう十分にユートピアの喜びは感じられている。

だからこそ、この長いトンネルを抜けた後に広がる、さらに壮観な景色を見てみたいと切に願うのだ。

さて、そんなこんなで日夜戦略を組み立てているうちに、本章の冒頭でご登場いただいた向かいの大型美容室の建設工事が始まった。通常、店舗工事が始まると街の人の注目は一気にそっちに集まる。

そこで、向こうが着工するのと同時に、僕のサロンも前もって計画していた改装工事を合わせて始めた。見事その作戦は功を奏し、通行人の目はデザイン性の高い僕の店の方に釘付けとなったのだ。

肝心の改装工事の内容としては、ガラス張りだった正面のアプローチを塞ぎ、店内の様子が外からまったく見えないようにした。こんな具合で、立地的なハンデを逆手にとって隠れ家的と表現するサロンは少なくない。

しかし僕は、幹線道路に面して人通りも申し分のない恵まれた路面店から一切の視認性を奪い取り、完全なる隠れ家にしたのである。

これだけ聞くと「血迷ったのか？」「もったいないことを！」と思われそうだが、別に奇をてらった作戦ではない。単純に新規客の入りやすさより、既存のお客様の居心地のよさを徹底的に追求しただけだ。

また、ドアには暗証番号キー（現在はカードキーにアップグレード）を取り付け、会員のお客様以外は絶対に入れないようにした。店内のBGMも有線放送から自動演奏の生ピアノに切り替え、より優雅で贅沢な時間を演出できるよう工夫した。

改装のテーマとして、うちのお客様とスタッフたちが、幸せと優越感に満ち溢れ、向かいのライバル店Tのお客様とスタッフが劣等感に苛まれるような店づくりに徹したのだ。

少しずつだが、僕らの理想郷《ユートピア》は、着実にカタチになろうとしていた。

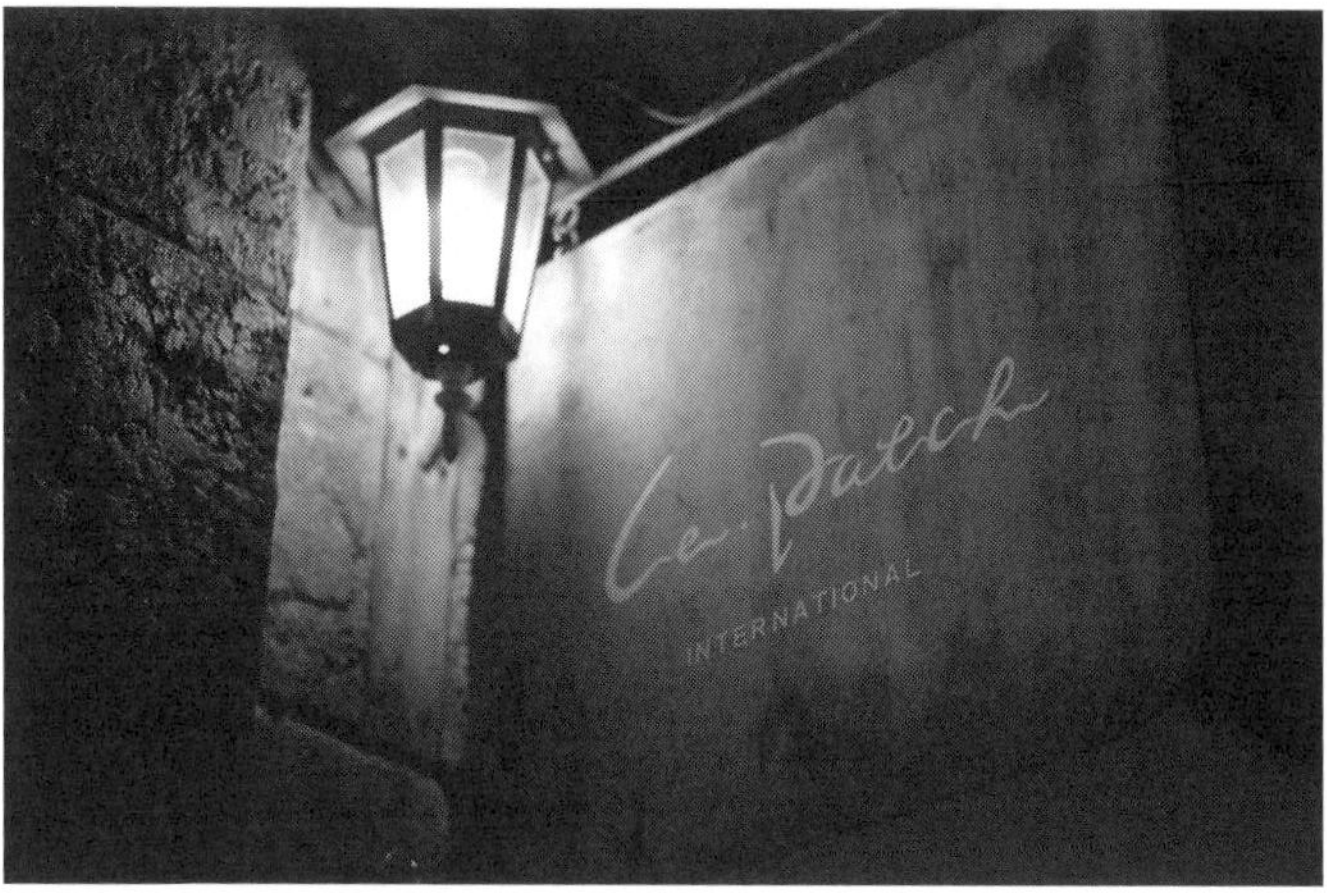

街燈に照らされる看板。

一流の施術を、最高の空間で。

コーヒーで至福のリラックスタイム。

こだわり抜いた内装。

まるでオーセンティックバー。美容院の枠には留まらない。

映画の世界に迷い込んでしまったのか。ヴィンテージなインテリアが光る。

How the Small Shop
Keeps Making Money

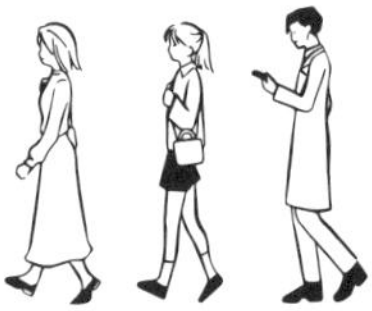

第7章

勝利をつかむ方程式

常識を疑え！

鮭の遡上において、ほとんどの鮭は自分の産まれた母川へ戻り産卵するが、どうかすると別の川へと行ってしまう変わりものの鮭が5％程いる、と聞いたことがある。

故郷の川が〝想定外の天変地異〟によって氾濫したり、干上がってしまうことは決してありえないことではない。もし、鮭が目指す川に天変地異が起こったとしたら、その種族は絶滅の危機に陥るだろう。

しかしその瞬間、かつて変わり者のレッテルを貼られた5％の鮭たちは、一族を絶滅から救う救世主へと生まれ変わることになる。

そう、いつの時代も、変人こそが歴史をつくるのだ。

この項を書くにあたって、どうしても初めにこの話を持ってきたかった。というのも、僕の属する理美容業というのは、実に跡継ぎの多い業種だからだ。歌舞伎の世界と比べるつもりはないが、こと〝跡継ぎ〟という面だけをクローズアップすると、なんとなく〝世襲制〟のにおいすらしてくる。

現に〝初代〟を名乗る理美容師はつい最近まで圧倒的にマイノリティーだった。
実際、僕のサロンで修行をしたスタッフの大半は、まるで遡上する鮭のように、過疎化した地元へ帰って跡を継ぐ。親の時代には栄えていたはずの商店街も今はシャッター通り。最新の技術を覚えても、不滅のマーケティングテクニックを身につけても、人口のないところでは何の意味も持たない。それなのに、家を継ぐことに何の疑問も持たずに、意気揚々と帰っていく。

僕も地方出身者、故郷を愛する気持ちはわかる。だが、親がレールを敷くということは、子どもの可能性を潰すという場合だってあるのだ。敷かれたレールの先にある終着駅が、果たして自分の追い求めているものかどうか、マジメに疑うのも大切である。「言われなくても重々承知！」かもしれないが、あえて言わせてほしい。激変期には、今までの成功法則は通用しない、確実に。

昨日までの英雄が戦犯となり、昨日までのエリートが職を失う。そして、今までならば尊敬されていた行動が、どういうわけか軽蔑される。

そんな180度回転が現実に起こりうる世界だ。事実、昭和と令和では時代というより、もはや国が違う。時代が変われば、すべての常識が変わったのでは？と冷静に疑うべきである。

有名な話で、世界中のお客を乗せた客船のエピソードがある。

客船が遭難し、あわや沈没の今際の際、船長はドイツ人に「これは規則ですから」と言い、女性や子どもを先に下船させた。

アメリカ人には「君は英雄にはなりたくないのか」と説得した。

そして日本人には「誰もがそうしていることだから」と話して、滞りなく全員を下船させた。

僕は、この話を思い出すたびに「日本人の気質を見事に言い当てているな～」と感心させられる。要するに日本人は、人と同じで安心する人種であり、それを象徴するかつてのギャグが、ビートたけしの〝赤信号、皆で渡れば怖くない〟である。

大体の人たちが自分の意思で考えず、ただ流されて生きている。そして、この流されて生きている人たちのことを一般に、常識人と呼ぶのだ。

時代が安定期であれば、常識人であることが一番の安全策である。だが激変の時代に常識人でいようとするのは、実はこの上なく危険なことなのだ。いわば、いつ沈むやも知れない泥舟に、おとなしく乗っているのと同じなのである。

How the Small Shop Keeps Making Money

「借金も財産のうち」はウソ

かつて、事業の借金が増えるたび「借金も財産のうちだよ」などと慰められてきた。だが、おそらくこれはバブル時代の幻想だ。確かに、借金の利子を遥かに凌ぐぐらいに地価が上がっていた時代はそれも通用したかもしれない。有望な若者に投資するという「気分」もこの時代にはあっただろう。時代も国も、どんどんよくなる。おそらくそんな前提のもとでつくられたのが「借金も財産」という薄っぺらい格言だった。

しかし、言うまでもなく借金は借金だ。経営者にとっては、重荷以外の何ものでもない。借金は、しないで済むならしないに越したことはない。だが、ビジネスをしていれば当然、そうもいかないことも多々あるだろう。その場合は、理想的なお金の引っ張り方というものがある。お節介かもしれないが、これも一応お伝えしておこう。

率直に言うと、借金は、資金が全然必要のない時にこそ借りるべきである。銀行は、会社や商店を助けるために融資をしたいのではなく、あくまで銀行側の都合、もしくは融資担当者の都合で融資したいのだ。

ゆえに、こちらが借りたいタイミングではなく、銀行側が貸したいタイミングである時が、一番パワーバランス的にも優位に立て、金利も優遇されるケースが多い。

現在のローン残額が残り僅かになった時、必ずといっていいほど取引銀行からのアプローチが来るはずである。その時に、たとえ使う予定がなくとも低金利で借り、寝かせておくのが得策だ。

資金というのは、いざ借りたい時には、なかなかいい条件で借りられないものである。反対に、使うアテのない現金が口座にあることで、気持ちに相当ゆとりを持つことができるだろう。

今、日本という国がどんどん理不尽になってきている。長年経営に携わっている方なら、とくに痛感していることだろう。商人は常々、毎年変わる税率に振り回される。消費増税が実施されるたび、商店は無償で働く悲惨な取り立て役だ。

しかも内税ゆえに生活者の非難は、国ではなく商店に向く。まるでその店が儲けんがために値上げをしたかのように見えてしまう。ゆえに、お客は異議を唱え、客足は遠のき、それを回避するために結局は商店側が利幅を削る。

もう何十年も、このような理不尽な構図が描かれ続けている。他にも、銀行の手のひらを返したような貸し渋りや露骨なまでの貸し剥がし、さらには、マイナス金利政策の解除による借入利息の増加など、中小零細企業の経営は苦しさを増すばかりだ。

今こそ、国に依存する体質から抜け出さなければ、我々中小零細に未来はないだろう。

そのための第一歩が、これまでの常識を疑うことなのだ。我々の頭や体に染みついた「常識 → あたりまえ → あきらめる」という負の連鎖を断ち切ることは、リアルブランディングを実践しようと燃える経営者にとって必須なのである。

How the Small Shop Keeps Making Money

お客とのパワーバランス

とある先輩の話をしよう。長年、僕の師匠の参謀役を務め、業界でもそれなりに名を馳せていたH先輩はある時、代々続いた世田谷の店を突然たたみ、遠く伊豆高原の地で第二の人生をスタートさせた。

その話を初めて聞かされた時、僕は本当に驚いたのだが、先輩にしてみれば、かなり前々から計画していたらしい。だが当時の僕は、正直言って先輩の行動を欠片も理解できなかった。商売は人口の多いところでやってナンボだと思い込んでいたからだ。

かくいう先輩も、完全にリタイアするにはまだまだ若く、もともと好きで始めた仕事。そんなわけで新しい住まいの脇に、かわいい教会のようなサロンをつくり、人知れずひっそりと営業を始めた。

あくまでもこれは僕の予想だが、退屈しのぎとボケ防止を兼ねて、時たま訪れるお客様を相手に暇つぶしがてらのんびりやろうぐらいのつもりだったのだろう。

ところがいざ蓋を開けてみると、はるばる世田谷から髪を切りに来てくれるお客様の多いこと。さらには、近隣に住むセミリタイア組も毎日時間を持て余しているものだから、こまめに通ってくれる。それに加えて幸か不幸か、周りには当時、競合する店が1軒もなかった。

その結果、優雅なスローライフを夢見ていた（？）先輩の目論みは大幅に外れ、馬車馬のように働く日々が続いたらしい。僕が遊びに伺った時、「あと2、3軒（競合店が）できてくれたらラクになるのになぁ。お前、出さない？」などと、ため息混じりに言い出す始末。

来る日も来る日も集客のために悪戦苦闘を強いられていた当時の僕にとっては、なんとも羨ましい話だった。

ただ最近になって思うのだが、人生って実は、案外そんなものなのかもしれない。人は執着を捨てた時、磁石のようにいろいろなものを引き寄せるのである。

例えば、自分の成長があるレベルにまで達した時、それに応じて、ふさわしい富やポジションが与えられる。僕自身の半生を俯瞰してみると、ガツガツモードに少し疲れ、ひと休みしている時に胸躍るニュースや出来事が舞い込んだり、昔目指していた役職や肩書きが興味がなくなった最近になって与えられるなんてことがよくあった。

反対に自分がほしがっているうちというのは、まだそのレベルまで達していないケースが多いようだ。これは単なる棚からぼたもち的な運命論ではない。果報は寝て待て、という話でもない。

結局、物事にはそれ相応のタイミング、つまり似合うバランスがあるのだろう。今、もつべきものと、そうでないもの。今の自分に見合ったものをいかに有効利用するか。自分の能力やセンスをフル動員して、どう楽しむか。それが大事なのだ。

よく、結婚した途端にモテるようになったというちょっぴり皮肉めいた話を聞くことがあるが、それも同じことだ。その人の魅力とバランスが似合ってきた、ということになる。

リアルブランディングにおけるお客様とのパワーバランスも、この似合うバランスはピタッと当てはまる。**追いかければ逃げ、逃げれば追いかけてくる子犬のように、お客様を追いかけ続ける経営をやめた途端、今度はお客様の方から追いかけてくれるようになるわけだ。**

How the Small Shop Keeps Making Money

田舎のお店はなぜ潰れない？

最近、郊外へ講習に行くたびに考えさせられることがある。都内近辺のお店と郊外のお店では、当然売上は比較にならないかもしれないが、純利益や生活レベルという部分にフォーカスすると、実際は郊外の方が秀でているのではないかと感じることが多々あるのだ。

まずは、代々の持ち家でやっているところが多く、店舗、住居ともに家賃がかからない。そしてほとんどのお店は、夫婦か家族で営んでいるから、人件費だってかからないわけだ。さらに、郊外には自然も多く、新鮮な野菜や果物も豊富だから、ご近所さんや農家のお客様からの差し入れも多い。よく、田舎暮らしをすると野菜を買わなくなるというが、これは信州松本のベッドタウンである安曇野にIターンした僕の店のOBも「一度も買ってない」と笑っていたから、そうなのだろう。

衣食住のうち、人生において最も負担が大きいのは、言うまでもなく「住」の部分である。

都内近辺に店や住居を構える人々の大半は、多額な家賃や住宅ローンを払い続けることに一生を費やす。反対に、郊外にでも「住」さえ確保できれば、今の時代、生活必需品と呼ばれるもののほとんどは、100円ショップで事足りる。

つまり、無償で住める家があり、食べる物にも困らない郊外型ビジネスは、人生においては相当なアドバンテージを手にしていると言える。ただし、地域によっては、日々減少していく人口にどう歯止めをかけるかという最大のテーマが、常に付きまとってはくるが。

こうした観点から「負けない経営」を考えると、多大な投資をして回収に時間を費やす利益追求型のビジネスモデルより、「入」を大きくし「出」を最小限まで少なくする富の蓄積型のビジネスモデルを選択した方がある意味、新時代のビジネスモデルとしては望ましいと言える。ある程度の人口が望める立地で、無家賃経営を実現できれば、絶対的に負けない経営を実践できるからだ。

こう言うと、夢物語に聞こえるかもしれないが、案外不可能な話ではない。

事実、僕のように田舎から出てきた若造が、裸一貫からそれを実現できたわけだから、方法論さえわかっていれば誰でも実現できると断言できる。

ここで、初めて独立を考える人が陥りがちなミステイクについて一緒に考えてみたい。独立した頃の記憶が霞みかけている方も、「そうだった、そうだった」と頷きながら少しだけお付き合いいただければと思う。

通常、初出店の際には、駅前やロードサイドなどの好立地にテナントを探すことからスタートする。商売をやろうという人なら、周辺価値の重要さなど、教わらなくても本能的に知っているからだ。

そこで運よくいい物件に出合えたとしよう。そのテナントを契約するにあたり、まずは保証金、仲介手数料、前家賃などの必要経費が発生する。そしてその後には、造作工事費、備品、仕入れなどの開業資金が必要となり、まだ1円の売上も上がっていないにもかかわらず、開店準備の最中にもテナントの家賃は計上され、研修期間中にもかかわらず社員の給料は発生する。

さらには自分自身も店舗に近いマンションなどへと引っ越した場合、プライベートにおいても敷金、礼金、仲介手数料、前家賃、そして引っ越し代ほか諸々のお金が、まるで羽が生えたように出ていくことになる。

何とかそれを乗り切り、めでたくオープンまで漕ぎつけたとする。しかし、本当の地獄はここからだ。

毎月月末には、店舗と住まいのダブル家賃が引き落とされ、造作工事のローン返済とリース料の支払いなどが追い打ちをかけてくる。もちろん人件費だって軌道に乗るのを待ってはくれない。社員にもそれぞれの生活があるから、どんなに従順な社員でも、金の切れ目は縁の切れ目である。

こうして自転車を漕ぎ漕ぎやりくりし、ようやくお店が軌道に乗ってきたという頃に、満を持して確定申告の時期が訪れる。なけなしの預金から泣く泣く税金を捻出したその後、凹む間もなく今度は住まいの更新時期が訪れる。さらに1年後には店舗の更新。通常はどちらも、家賃の2カ月分ほどの更新料が必要だ。

こんな感じであたふたしているうちに、今度は古くなってきた店の備品が壊れ始める。中でもエアコンやボイラーなんかがイカれた日にはけっこう痛い。100万円近い現金が一気に吹っ飛ぶことになるからだ。しかもこういったトラブルはどういう訳か同時多発的に襲ってくるから不思議である。

こんなふうに支払いの嵐に追われているうちに住まいの方は2度目の更新。もちろん立て続けに店舗の更新もやってくる。そして、この時期になると造作のあちこちが傷み始め、そろそろ改装も考えなければならない……。

いかがだろう？　自営だって、何も考えずに始めてしまうとけっこう大変だ。「これなら従業員として使われている方がマシだった」なんて声を聞くのはこのためである。

How the Small Shop Keeps Making Money

「店の免疫力」はゼロに戻すスピード

例えばの話、がん患者に抗がん剤を打つと、がん細胞も縮小するが、肝心の免疫力も落ちていく。それは、抗がん剤が正常な細胞まで叩いてしまうからだ。

人体における免疫力とは、元に戻す力のことをいう。

では、ビジネスにおけるお店の免疫力とは何かというと、それはゼロに戻すスピードである。

独立する人の大半がしている勘違いは、自分のことをゼロからのスタートだと思い込んでいることだ。

だが、実を言うと、こう思い込んでいいのは全額自己資金で始めた人だけである。ほとんどの人は銀行や公庫から借入をして、ようやく起業に漕ぎつけるわけだから、決してゼロからのスタートなどではなく、マイナスからのスタートだ。

多くの経営者が考えなければならないことは、いかにして早くゼロに戻すかということである。ゼロとは、資産と借入金のバランスが、利息分も含めてプラマイゼロの状態のこと。もしくは、無借金、無家賃経営を実現できる状態のことである。

前にも申し上げたが、あくまでも借金は借金。決して財産なんかじゃない。

これからは堅実を地でゆく経営者のみが生き残る。

How the Small Shop Keeps Making Money

ロケーション選びのコツ

独立が遥か昔、という方にとっては耳の痛い話が続くが許していただきたい。

これから独立を考える人は、とにかく貸しテナントは選ばないことだ。

もちろん、自身が住むための賃貸マンションや借家を借りるのもだめだ。先ほど述べたように、ダブル敷金、ダブル家賃、ダブル更新費に、延々と悩まされることになるからだ。

では、いったいどうすればよいのか。そう、そこそこ人口がある郊外に、手ごろな一戸建てを購入するのである。資金は住宅ローンを利用する。安定収入のあるサラリーマンのうちなら、あらゆるローンもおりやすい。

すでにまとまった預金のある人なら、店舗付き住宅を購入するのもいいが、店舗付き住宅の場合、店舗部分には住宅ローンが適用されないのでそれ相当の自己資金が必要になる。手堅いのは一戸建て住宅を建てるか買うかして、後にその一部を店舗として利用するのが最善の策だろう。

賃貸マンションに住みながら、貸店舗を借りて開業した場合と比較すると、月単位でも相当のキャッシュフローが浮くことになる。そのキャッシュフローをなかったものとしてしっかり手元に留めておき、10年以内ですべての返済を完了するのだ。物件そのものが収益を生まない普通の住宅物件では到底無理な考え方だが、収益を生む店舗付き物件では十分に可能なのである。

一見客のボリュームを狙うマスプロ戦略におけるロケーション選びは、駅近およびロードサイドと相場は決まっていたが、皆さんはそんな値の張る物件に手を出す必要はない。お客様を選り好みするリアルブランドにおいて、人通りの多さなどたいした問題ではないからだ。

どちらかと言えばこだわりたいのはシチュエーションである。ここでいうシチュエーションとは「海が見える」とか「夜景がキレイ」というように、景色、風情、街並みのもっている薫りのことだ。この薫りを味方につけられて、そのうえ車を駐車しやすい場所なら言うことなしだろう。

先述のうちのOBは、長野県の安曇野スケッチロードというほとんど人通りのない道沿いに〝景色とネーミング〟だけに惹かれて出店したが、小旅行感覚で来るお客たちで連日満杯である。

店を構えるのは、なにも商業地である必要はない。もうすでにマイホームをお持ちの方なら、今の家を改築するのもありである。

ただ、ここで十二分に気をつけてほしい点は、決して生活臭を出さないようにデザインすること。ただでさえ慣れ親しんだ空間は生活臭が漂いやすい。しかも悪いことに、生活臭は〝そこにいる人間以外〟に感知されやすく、〝そこにいる人間〟はほとんど気づかない。

お客様と価値交換する店舗という場所は、生活とは一線を画した神聖な場所だということを自覚しておいてほしい。

How the Small Shop Keeps Making Money

マーケットの違いで価格差が10倍!?

ところで、あなたの携わっている職業は成長産業だろうか? 僕らの職業は衰退産業である。はっきり言っておくが、時代性より厄介なのが置かれた状況だ。

成長産業を簡単に説明すると、OLが給料をもらって、最初にお金を落とすところである。例えばiPhoneの新作が発売されるとなれば、アップルストアの前には一斉に行列ができる。しかも、そこに並んでいる人たちはもうすでに、前金で予約までしているのだ。

反対に衰退産業に身を置く業界の店員たちは、極端な話、その行列に割引のチラシやクーポン付きのティッシュを配る。要するに衰退産業とは、今月彼女たちのお小遣いが余った場合、もしかしたら落としてくれるかもしれない場所でしかないのである。

衰退産業の諸症状は4つある(次頁参照)。

後継者不足の本当の原因は、その業界に魅力(夢)を感じないからに他ならない。人手不足を解消するには、社員に人並み以上の給料を払える業界になることしか解決の手立て

まとめ

飽和状態

コンビニ、スーパー、百貨店、美容院、歯科医院など、需要より供給が上回っている業種はすでに成熟期を過ぎており、衰退産業に足を踏み入れたといえる。

低賃金

マーケットの縮小、さらには飽和状態に陥ったビジネスは当然分配が目減りするため低賃金となる。

社会情勢に左右される業態

人間の心理として、例えばガソリンの価格が上がれば美容院代を節約しようという発想が生まれる。だいたい１万円ぐらいのものが節約にまわされるが、生活の財布に左右されるのは衰退産業の特徴である。

後継者不足

衰退化が進むと最後は当然その職業に就こうとする若者がいなくなる。こうなると末期的現象であるから、崩壊～淘汰という段階を踏むしか再生の方法はない。

はない。

もし、この本を読んでくれている人たちの中に、僕らと同じ衰退産業で生きている人がいるなら、今ここで確認したい。

虚勢を張るのもいいかもしれない。でも、衰退産業だと認めてしまえば、底なしに見えていた沼の底も思いのほか浅いのではないかと思う。今、僕らは確実に下りエスカレーターに乗って真っ逆さまだ。しかし、静かにじっと目を凝らしてみよう。そう、大抵下りのエスカレーターの隣には、上りのエスカレーターがあるものである。今すぐ降りたければ、降りた方がいい。ボタンは案外あなたの手の届く位置にある。

経営者の責任とは、社員の生活を支えることである。でも正直、衰退産業のビジネスモデルのままでは無理なのだ。そこでやはり成長マーケットへシフトすることが必要なのである。

理美容のマーケットは、もうかなり前に2兆円を切ってしまった。それを30万軒を超えるサロンが奪い合っている。これでは低賃金になるのはあたりまえである。恥を忍んで告白すると、ここ十数年来、理美容師の平均年収は、サラリーマンの平均年収の3分の2ほどしかない。

だが、すぐ隣には破竹の勢いで伸び続けている成長マーケットが存在する。理美容とは似て非なる、美と健康のマーケットである。要はこちらのマーケットに、ひょいと片足をかければいいのである。

例えば、同じ「ヘッドスパ」というサービスでもエステサロンで施術してもらえば、最低でも1万円以上の価格を提示される。ところが、これを美容室でやると5000円〜8000円程度。理髪店においては、いいとこ1000円〜3000円ほどの価格である。

いかに成長マーケットで仕事をすることが重要であるかわかっていただけるだろう。

そして、この感覚は世界共通であり、例えば、同じ「タイ古式マッサージ」という施術でも「マッサージ店」と名のつくところで受けるのと「スパ」と名のつくところで受けるのでは価格の差がおよそ10倍も違う。

時代の求める価値とは何かを考え続け、一刻も早く衰退産業からの脱出を図ろうではないか。

How the Small Shop Keeps Making Money

「時は金なり」はもう古い

同じ不景気でも、20世紀と21世紀では不景気の質が違う。それもそのはず、モノがない時代とモノが溢れている今の時代では、潜在的に求めるものがまるで異なるのは理の当然。人間心理は時代とともに変化する。つまり、時代の薫りを見極めるというのは、人間心理を理解することである。

現在、大衆の意識は形式から本質へとシフトしている。美容で言うなら、カタチのデザインからココロのデザインへ。つまり、一元的な容姿から美と健康へとシフトしているというわけだ。

これからの時代は、労働対価は低くなり、知的資本に富が蓄積する。つまり、カラダを使う作業よりも、あなたの培ってきたアタマの中身（知識）をお金に変える時なのである。そこら中にモノが溢れている昨今、人は皆、魔法のランプを探しているのだ。

それでは、時代が成熟するにつれて人々の価値基準がどう変化してきたか、簡単にお伝えしていこう。

20世紀型の価値基準は「時は金なり」であった。勝ち負け、損得、競争を繰り返してきたこの時代は、どれだけ苦労したかが人間の値打ちだったのである。

時代のキーワードは「もったいない」であり、〝給食は残してはいけない〞が暗黙のルールだった。

だが、バブルの崩壊から30年以上が経過し、その後もリーマンショックや大震災、長いコロナ禍まで体験したことで人々の価値基準にも変化が生まれてきた。バブル当時は40代だった人たちが、不安な老後のために節約と我慢を繰り返し、70代になってようやく気づき始めたのは「金は墓場に持っていけない」というあたりまえの現実である。

つまり、胃袋が丈夫なうちじゃないと脂ののったものは食べられないし、歯の丈夫なうちじゃないと硬いものも堪能できないのである。

「もったいない」がキーワードだった、勝ち負け、損得、競争の時代から、一度きりの人生なのだから、もっと自由に美的で文化的な生活を目指そうという心の時代へと、生活者の潜在意識は確実に変わってきた。これからの尺度は、「時は金なり」では意味をなさない。まさに「時は命なり」の時代である。

ただし、**どんなに時代は変われども、価値交換のカギは依然として、時間のコントロールである。**

例えば、「時は金なり」の概念を説明すると、通常、新幹線より飛行機のチケットの方が高価格なのは、単純に到着時間が早いからである。

ところが反対に、「時は命なり」という概念では、〝時〟を〝スピード〟と訳せない。たとえばアンチエイジングのように時間（老化）を遅らせるということが価値を生むケースが多々あるからだ。

つまり美容に例えるなら、スタイリングやメイクなど、1日でできる「美人づくりビジネス」は、もはやたいした儲けにならない。エステサロンやフィットネスクラブ、さらにはダイエット食品など、プロセスにある程度の期間を要し、またその効果に恒久性が求められる、本質的な「魅力づくり」ビジネスは、今後も高い価値交換が可能なのである。

いずれにしても、時代は変われど、時間のコントロールが金になるという定義は覚えておいて損はない。

How the Small Shop Keeps Making Money

お客は常に2つの財布を持っている

そして、これもあまり知られていないが、商品には、リアブラ力になりやすい領域となりにくい領域が存在する。リアブラ力になりうる領域とは、プラスプラスの領域。例えば、薬ならよく効いて副作用がない。食品でいえば美味しくて健康にいい。さて、あなたがウリにする基本価値は、この領域にあるだろうか、まずはチェックすることが必要だ。

ヘア業界のメニューの多くをリアブラ化しづらい理由は、化学物質を使用せざるを得ない点にある。

例えばパーマネントやカラーを施し、ある女性を最高に美しくコーディネートしたとしても、次の日から徐々にその輝きは色褪せていく。ひと月後には、以前より傷んだ髪だけが切なく残る。

つまり、プラスプラスからマイナスマイナスの領域に移動してしまったことになるわけだ。軸に据える商品は、回数を重ねるたびによくなっていく技術。使い続けるごとに十分に改善が見込める商品を選ぶことが重要である。

人は常に2つの財布を持っている。ひとつは「生活の財布」、もうひとつは「自己投資の財布」である。

生活者は、成長産業と衰退産業で、この2種の財布を使い分けているのだ。

「生活の財布」に振り回されるのが衰退産業
「自己投資の財布」を開かせるのが成長産業

というふうに分けられる。

前にも述べたが、ガソリンの価格が上がると美容院の回数を減らすというように、衰退産業は生活の財布の中身を奪い合っているため、不況などの社会情勢にもろに影響を受け、振り回される。

それに比べて成長産業はこの類ではない。社会情勢や不況など、どこ吹く風なのだ。

成長産業にあって衰退産業にないものとは何なのだろう。このある・ないが両者の決定的な違いを生む。それは、ときめきである。

自己投資の財布を開かせる、唯一のキーワードは、ときめき。ときめきがない人生ほど味気ないものはない。

ではここで、ときめきづくりについて考えてみよう。
例えば、一時ブレイクした美顔ローラーやSIXPADなども、皆、あの「顔面つぼ押し器」や「低周波腹巻き」を買ったわけではない。
「毎朝すっきりリフトアップして、どんどん〝イイ女〟になっていく自分」「1週間後にはお腹が引き締まりスレンダーになっているかもしれない〝カッコイイ自分〟」という〝ときめき〟を買ったのである。

ひと昔前、「1億使っても、まだ2億」という、宝くじの傑作コピーがあった。こう言われただけで、1等が当たった自分の生活をリアルにイメージしてしまうから不思議だ。買いたいものを全部買い、やりたいことをやりつくしても、まだ2億も余っているから老後も安心。当たってもいないのに思わずニンマリしてしまう。

さて、ここで簡単な質問をするが、あなたは枕を買う時、いくらまでなら出せるだろうか。例えば、いま使っている枕に穴が開き、籾殻が出ちゃって始末に負えないというだけなら、1000円も出せば代わりは買えるだろう。だが、より安眠できるとか、猫背が治るという触れ込みの健康系枕なら、1万円以上だって出せるのではないだろうか。

少し脱線してしまったが、ときめきを簡単にまとめればこうなる。僕たち消費者は選択する生き物として日々を送っている。自分をより豊かに、魅力的にしてくれる何にときめくか？ その軸を価値基準という言葉に置き換えれば理解しやすいかもしれない。ときめきを感じたそれらの商品には見えない値札である価値がついており、僕たちはその価値にお金を支払う。

成長産業の価値交換こそ、リアルブランディング本来の姿なのだ。

How the Small Shop Keeps Making Money

会員制ビジネスのすすめ

本気でリアルブランディングを推し進めるには、経営者の勇気を後押しするものが必要だ。装飾なしで言えば、別の収入源。すなわち「サロン外収益」の存在である。

例を挙げれば、不動産による家賃収入や株の配当金、特許やネットワークビジネスにおける権利収入、さらには本や音楽の著作による印税収入など何でもいい。リアルブランディングを推進しようとする経営者は、いくつかの水路を持つことが理想である。それが、不労所得であれば申し分ない。

想像してほしい。経営するお店の収入がゼロになったとしても、自分たちの生活にはまったく支障がない状態を。かなりサディスティックに、つまり自店の展開するリアルブランディングに限りなく正直なスタンスで、お客様を選り好みできるはずである。

多くの商業店舗は、常にお店を開け、いつ来るともわからないお客を待っている。〝待ち構え方〟にバリエーションは数あれど、やっていることはひたすら「待つ」ことに変わりない。僕に言わせれば、翌月の売上予測が立たない経営は、経営とは呼べない。まごうことなき博打である。

僕の経営するサロンは、今のこのご時勢の中、常に2カ月以上先まで予約が埋まっている。これは、人気ではない。あくまで意図した上に成り立つ「仕掛け」なのである。

仕組みは簡単、お客様がお帰りになる時に、次回の予約を取り付けていくのが習慣になっているのだ。お客様によっては、半年もしくは1年先までの予約を押さえていく。したがって日によっては、1年先でも埋まってしまっていたりするわけだ。だから、うっかり予約を取り忘れてしまうと大変である。思い立った日から最低2カ月は先になってしまうのだから。

会員制ビジネスのメリットは、顧客流出率を著しく低下させることができる点に加え、キャンセル待ちの行列が絶えないお店にできる点にある。

2011年の3月11日、東日本大震災の直後にもかかわらず、1件のキャンセルもなくすべてのお客様が来店してくださったのは、被災地であるこの浦安でおそらくうちの店だけだろう。これが会員制ビジネスの底力である。

ただし、会員制ビジネスには「会員制ビジネスの覚悟と信念」が必要である。会員制ビジネスに大切なものは何か？　それを見失ってはならない。

震災の後、浦安の多くの地域で1カ月ほど水道が止まった。ひなびた銭湯に行列ができ、僕のサロンにも見知らぬ人たちから「シャンプーだけしてくれないか」という問い合わせが殺到した。

身内からも、〝こんな時だし、次に繋がるかもしれないから受けてみればどうか〟という意見もあったが、僕の一存で、一人ひとり丁重にお断りさせていただいた。

心苦しい思いもしたし、時にはあからさまな非難も浴びたが、会員制サロンは、そんな時こそ、いつもご愛顧いただいている会員様のご要望にいつでも応えられるよう、万全の体制で備えておかなければならない。

会員制のサロンは、誰のためのサロンなのか？　無論、「会員様のため」である。

「健康のためなら死んでもいい」といった〝リアル〟を突いたジョークがあるが、「会員のためなら、会員制サロンを潰してもいい」というジョークもまた、僕の考える〝リアル〟に限りなく近いかもしれない。

会員制ビジネスは常に、会員様とともにあるのである。

How the Small Shop
Keeps Making Money

第8章

我慢しない経営

彼は、一度振られた片想いの彼女を諦めきれず、ただ帰る方角が一緒というだけの半ば強引な口実で、彼女のアッシー役を買って出た。命の次に大切にしていたヴィンテージのテレキャスターを売り飛ばし、彼女のリクエストに応え、ブルーのエリーゼを購入。毎日の送り迎えはもちろん、時には恋人との待ち合わせ場所にまで送っていった。

そんな彼の姿を哀れみ、見かねた仲間たちが忠告した時、彼は誇らしげにこう答えた。

「お前らにここまで夢中になれる女がいるか？」

そう言い放った彼を見て、うらやましく思ったのを今でも覚えている。

それから十数年の歳月が流れた。三十路を過ぎた彼女の美貌にも若干の翳《かげ》りが見え始めた頃、彼は満を持して最後の勝負に出た。

「死ぬまで君のアッシーでいさせてくれ！」

それが彼のプロポーズの言葉だった。

その瞬間、彼女の目から、せきを切ったように大粒の涙が溢れ、震えて歪んだ彼女の唇から声がこぼれた。

「ありがとう……本当にありがとう。でもね、ごめんなさい」

終わった。彼の脳裏には青春時代の断片断片がコマ送りのように次々と映し出された。

そして、流れるどのシーンにも必ず彼女が映っていた。

天を見上げてただ立ち尽くす彼に、泣きじゃくる彼女がこう告げた。

「あたし、半端じゃなく料理ヘタだから……」

「……へ？」

彼が虚ろな視線を戻すと、涙目の彼女は、茶目っ気たっぷりな笑顔で続けた。

「これからはメッシーもよろしくね♪」

彼女はとっくに気づいていた。自分にとって、彼の存在がどれほどかけがえのないものになっていたのかを。思えば、どんな時でも自分の隣にいてくれた。嬉しい時も凹んだ時も、空気のように、出しゃばらず、そして優しく包んでくれた。本当は、彼がもう一度プロポーズしてくれる日を、今か今かと待ちわびていたのだ。彼の青春を映しだす走馬灯が彼女一色だったように、また彼女の青春も彼一色だったのだ。

「アッシーも十年続ければ本命になるんだよ」

彼はまだたっぷり入っている水割りのグラスを一気に飲み干すと、僕につぶやいた。

不可能を可能に変えた彼を見た時、人生捨てたもんじゃないなと心の底から思えた。薬指のリングを自慢げにかざす彼は、どこまでも人間臭いヒーローである。

How the Small Shop Keeps Making Money

相思相愛の図式

24歳で独立した僕は、様々な失敗体験を重ねるうちに、いつしか「そろそろ一生涯お付き合いできるお客様に絞ってサービスを提供したい」と考えるようになっていた。ちょうどその頃、近隣に急激に競合店が増え出したのもあり、完全会員制サロンを開店するに至った。

一生お付き合いできるお客様に絞るということは、とどのつまりお客様を選ぶということ。お客様を選ぶというと、「選り好み」という言葉が浮かぶ方もいると思う。お客様がいてなんぼのサービス業と選り好みというフレーズは、水と油。常識的に考えればタブーのように感じられるかもしれない。

しかしお客様を選ばないということは、お客様からも選ばれないということに等しい。選り好みこそ客商売の真の姿、と言い切るつもりはない。ただしお客様を選ばないことが、イコールお客様を大切にすることにはならないと思う。

なぜなら、そこに共通の価値が見出せないからである。後にも先にも、**商売の原点は価値交換であり、その店でしか手に入らない価値を本当に必要とする人に提供した瞬間にこそ、最も幸せな相思相愛の図式が成り立つのだ。**

日本人の何％かは、毎晩同じ店で晩酌することを楽しみにしているタイプの人種が存在する。どこのお店にも行きつけのお店に生涯通い続けるという、生まれながらの生涯顧客が、実は初めから存在するのだ。

仮に若い時はそうでなかったとしても、多くの人は、年齢を重ねるほどに保守的になり、自分のホームグラウンドを変えるのが億劫になっていく。ほとんどの商売において、顧客の来店理由第1位は、ダントツで「馴染み性」なのである。

つまり、大して努力をしていないお店でも何とかやっていけているのは、この顧客層のお陰である。

そんな有難い人たちに対し、「近いから」とか「慣れているから」という曖昧な理由だけで通っていただくのではなく、価値という、より明確な〝通う理由〟を与えてあげることができれば、深い絆で繋がったお互いにストレスのない関係性を築くことができる。

僕の経営するサロンが一貫して追求してきた価値は、「健やかで美しい髪をつくる技術と、真のリラクゼーションの提供」である。

前にも述べたが、人が本当に美しくなるためには、心身ともにリラックスすることが重要であり、カットやカラー、パーマやメイクといった形式的な技術以上に、人を細胞レベルから蘇生させること、人間の自己修復能力が十分に発揮されるための環境提供が何よりも重要なのである。

そんな意味から、僕のサロンは常に、お客様が本当にリラックスできる環境の追求を心がけており、そしてこの環境を守るためにも、お客様を選ぶ必要があるというわけだ。空気の読めないタイプの客に大切なサロン全体の雰囲気を崩されてはいけない。

極論だが、髪を切ることが目的であれば、どこのサロンでもいいと思う。

ただ僕たちは、髪だけじゃなく、お客様のストレスまでカットできるサロンでありたい。

そんな想いもあって、僕らのサロンは会員の方しか開錠できない暗証ロックそして、カードキーを取り付けるに至ったのである。

How the Small Shop Keeps Making Money

理想は現実になる

最初のうちは、理想VS現実の戦いに感じるこのビジネスモデル。正直なところを言えば、ある一定期間、数々の偏見や常識との戦いを強いられるのは致し方ない。

ただし、その戦いを終えた時、いつしか理想VS現実の図式は、〝理想＝現実〟の図式に変わる。

すべてのビジネスが価値交換である以上、恋愛と同じく、所詮は相性に左右される。相性が合わないお客とはどうせ長続きしないし、もし仮に長続きしたとしたなら、それはどちらかが自分を殺し、我慢してきたということだろう。

この場合、ビジネスはただの集金活動になってしまう。ビジネスモデル（儲け）としては正しくても、ビジネススタイル（人生観）としては正しくないということになる。なぜ、ビジネスがただの集金活動じゃいけないのか。答えは単純、「楽しくないから」である。

人生は1回きりだ。それならば、自分の気持ちを偽らず、幸せに稼ごうじゃないか。結果としてそれが成功に繋がる一番の近道だと僕は確信している。

ただ、これだけは覚えておいた方がいい。もし、あなたが理想をリアルに落とそうと行動する時、周りの常識的な人たちは必ずと言っていいほど否定的になる。しかし、エピソードに登場した僕の友人のように、自分の気持ちに正直に向き合い、常識に立ち向かわなければ奇跡は生まれない。所詮は人の運命なんて、結局そこに辿り着くまでの痩せ我慢ができるかどうかの違いなのだと思う。すべての奇跡は、常識という壁を乗り越えたゆえに起きるのだ。

経営に最も必要なものは何かといえば、それは勢いである。経営者の迷いも、社員の不平不満も勢いが衰えた時に噴出する。そして勢いは目標ややりがいを見失った時に衰える。

経営者として最初にやるべき仕事は「経（のり、つね）」を立てることである。「経」とは、ザックリ言うと考え方という意味で、アメリカにはアメリカの、中国には中国の、そして日本には日本の「経」がある。

そしてその国々の「経」、すなわち考え方を縦軸に、それぞれ国民の営みという横軸が広がると考えてみてほしい。言うなればこれが経営というカタチであり、経営者の最も重要な仕事は、会社のミッションや方針の決定はもとより、目標を数字に落とすということなのである。目標の数字が明確になり、それが社員一人ひとりの夢や未来とリンクした時、そこに本当の勢いが生まれる。そして勢いに乗って突き進む時、障害は障害ではなくなるのだ。

正直、僕も今が成功かどうかはわからない。ここまで読み進んでこられたあなたならご存じだろうが、失敗は誰よりも多くしていると思う。

ただ、僕らは毎日仕事に行くのが、本当に楽しい。お客様の予約状況を見るたび、今日も大好きなお客様たちに会えるとワクワクするのだ。どんな有名なお店より、僕らは楽しんで仕事をしている。それだけは確かである。

この本を通じて、僕が伝えたかったことは、**お客を選ぶ経営の素晴らしさ、我慢をしない経営の素晴らしさである。〝経営は苦しむもの〟。そんな間違った概念をこの世から払拭したかったのだ。**リアルブランディングは、決して崇高なビジネスモデルではない。もう既にあなたのお店も、十分に下地はできあがっている。

世界中に、僕のような幸せな経営者が溢れることを願ってやまない。

おわりに〜マーケティングもブランディングも難しくない！〜

改訂作業がようやく終了し、率直な気持ち、新作一本書き上げたくらいの感慨深さを感じています。

クロスメディア・パブリッシングの小早川社長直々に今回の処女作リニューアルのお話をいただきました。それで早速、10年以上前に書いた処女作を、それこそ何年ぶりだろう、久しぶりに読み返してみたわけです。

そしたら、自分が思ってた以上に刺激的だったんですよね。粗削りでド下手な文章なんですけど、青臭くて、真っ正直で、あけっぴろげで。

そこで早速改訂リニューアルに取りかかったわけなんですが、結論から言うと、11年ぶりに僕が皆さんにお伝えしたかったことは、結局11年前と同じことでした。

売り手がありのままの自分を正直に伝える。するとそれに対して「いいね！」と共感してくれる買い手が現れる。要は、その買い手だけを選んで価値交換すれば、ビジネスなんて自然とうまくいくようにできてるんだよと。つまりこれこそが商売の真理であって、今も昔も変わらない不変の法則なんだと思うんです。

もっともビジネスなんて所詮は価値交換が基本原則ですから、それ以上でもなければ、それ以下でもない。

サービスやテクニックが不要ってわけじゃないけど、それ以前に、「その価値が欲しいかどうか」。そして、「その人から買いたいかどうか」。どう転んでもただそれだけの話なんですよね。

だからNo．1になれる人は、ほんの一握りかもしれないけど、誰もがブランドになることはできるんです。

ここで皆さんに報告があります。

11年前の処女作にも、もちろん改訂新版の本書にも登場した【向かいにできたライバル店】。実は昨年の夏をもって、ついに閉店しました。

無論、勝った負けたの話じゃなくて、本書にも謳っているとおり、僕はそもそも戦わない道を選んだわけです。でも僕らが青い海に漕ぎ出せたのは、紛れもなく目の前に出店してきてくれたあの店のお陰。窓を壁で塞いだのも、扉に鍵を取り付けたのも、すべてはあれがキッカケだったわけで、まさしくピンチはチャンス。今となっては、感謝しかないです。

そして、なんといってもありがたいのは、あの時青い海へと漕ぎ出せたお陰で、僕らはこうして生き残っている。11年前と、今もまったく同じやり方でね。

あれ以来、ずっと僕らが実践してきた【戦わずして勝つ経営】。一般的にいうところのブルーオーシャン戦略が、長い年月を経て、花咲いたかなって実感できた瞬間は、やはり宣伝広告費がゼロになった時です。チューリップを買いに花屋に行った時って、チューリップしか目に入らないじゃないですか。髪を切ろうとか染めようと思った時に僕らの店だけを思い浮かべてくれる。僕らもやっとそんな存在になれたのかな、目指し続けてきたオンリーワンになれたのかなと。

実際、僕のサロンが集客をしなくなって、かれこれもう十数年になりますが、よくこんなことを訊かれます。

「中谷さんのお店でも、転勤されるとか引っ越されるとかで自然失客ってあると思うんですが、集客しないでその穴埋めはどうしてるんですか？」

この質問、おそらく著名なマーケッターの先生でも、そう簡単には答えられないと思うんですよね。なかなかその境遇に立ったことのある人って数少ないと思うので。でも、僕らは経験してきたから、断言できるんです。「怖がらなくて大丈夫、何もしなくて大丈夫だよ」って。ほんとにね、自分たちがブレさえしなければ自然に埋まるんですよ。

その昔、アリストテレスが「自然は真空を嫌う」と言って、その学説自体には賛否両論あったみたいだけど、少なくともリアルブランディングのロジックにおいては、お客がいなくなった隙間は不思議と別のお客が埋めていきます。例えば引っ越していくお客がいれば、帰ってくるお客もいるわけで、別れがあれば同じ数だけ出会いも再会もあるってことなんです。

大切なのは、常に自分が自分らしくあり続けること。そして自分の旗の下に集まってくれた人たちだけに真摯に向き合うことなんです。よそ見しないで。そうしていればいつか必ず、【代えのきかない存在】になれるから。そして自分のお店がお客にとって【代えのきかない存在】になれた時、遠い引っ越し先からでも何時間もかけて通ってくださる人が出てくるわけです。

最後のエピソードに出てきた10年越しのアッシーくんじゃないけど、結局はトップに立つ者がその理念を貫き通せるかどうか。それがすべてだと思うんですよ。

本書の出版にあたって、本当にたくさんの方々にご尽力いただきました。

思えば11年前の処女作は、ひとり故郷の小豆島で暮らす母親への恩返し、というよりほとんど罪滅ぼしのつもりで書き始めました。ヤンチャな昭和ヤンキー時代、散々泣かせてきた母親に、その息子が今「人様のお役に立ってるんだぜ」と、証明したい一心で。

そんな処女作出版のご縁をいただき、そして今回の改訂新版の発売に到るまでずっと僕の想いに寄り添い続けてきてくださったクロスメディア・パブリッシングの小早川幸一郎社長に、まずは心より感謝と御礼を申し上げます。ドラマティックな親孝行のチャンスまでお膳立てしてくださいまして、本当にありがとうございます。

そして、鋭い着眼点と繊細な編集作業で、処女作を美しくリメイクしてくださった編集担当の末岡涅弘さん、きめ細かいサポートでフォローしてくださった川辺秀美さん、本当にありがとうございます。皆さんのお陰で時代に合った素晴らしい作品へと生まれ変わりました。

11年前の処女作『リピート率90％超！　あの小さなお店が儲かり続ける理由』を共に二人三脚で作り上げてくださった美人編集者の水島千紗さん、わざわざパリからメッセージをくださって嬉しかったです。ありがとうございます。

それから執筆のたび、僕の心の棚卸作業に快く付き合ってくれるイラストレーターの村上徹さん。適度におだてては温かく突き放してくれるLe.Patch INTERNATIONALの会員様、見て見ぬふりを装いながらこっそり気を遣ってくれているスタッフのみんな、締め切り日直前に飲みに誘ってくる意地悪で愉快な仲間たち。皆さんのお陰でタイトな執筆期間も楽しみながら乗り切ることができました。本当にありがとう！

そして最後に、本書を手に取ってくださったあなたへ。

最後までお付き合いいただき、本当にありがとうございます。暑苦しい文章で申し訳ありません。

ただ、僕はこの本を読んでくれた人たちすべてを勝手に「同志」だと思ってるんですよ。

だから絶対不幸にはなってほしくないし、幸せになってほしい！

「We are the real brand !!」

挫けそうになったら、叫んでください！

そして迷いそうになった時は、この本に戻ってきてほしいんです。

僕はこの本を、同志たちの行く道を照らすバイブルとなれるよう、全身全霊を籠めて書きました。だから本当の答えが、たくさん詰まっています。その証拠に、自分で言うのも口幅ったいですが、11年もの間、愛され続けてきたんです。

街を歩けば、やめていく店がやたら目につく。

コロナ融資の返済猶予期間が終わり、資金繰りに苦しんでいるお店や企業も少なくないのでしょう。
でも、どんなお店や会社にも、応援してくれるファンが必ずいたはずなんです。どうかその人たちのことを忘れないでほしい。そしてできることなら、またいつか、立ち上がってほしい。

運よく生き残っている僕らだって、順風満帆な時ばかりじゃありません。
疫病、戦争、自然災害。予期せぬ出来事が次から次へと僕らを襲います。
夢を見るとか、上を目指すとか、難しい時もあるけど、だけど、どんな時でもあなたの提供する価値を必要とする人が必ずいるから、その人たちを路頭に迷わせないためにも、折れないで、ブレないで、相思相愛のお客様だけをしっかり見つめていきましょう。

皆様のご健康とご多幸を心よりお祈りしています。

「We are the real brand !!」

中谷嘉孝

【参考文献】

岸★正龍　『キラーブランドの始まりは、路地裏の小さなお店から…』フォレスト出版　2004年

小阪裕司　『「儲け」を生みだす「悦び」の方程式――見える人にしか見えない商売繁盛の「仕組み」とは』PHP研究所　2003年

ワクワク系マーケティング実践会著　『図説 この世の中で一番知りたい「儲けの手帳」公開します！』三笠書房　2004年

神田昌典　『あなたの会社が90日で儲かる！』フォレスト出版　1999年

鈴木敏文　『商売の原点　商売の創造』講談社　2003年

水口健次　『「営業戦略」大修正――勝つための17のキーワード』プレジデント社　1999年

浜口隆則、村尾隆介　『My Credo』かんき出版　2009年

高田靖久　『お客様は「えこひいき」しなさい！』中経出版　2008年

犬飼ターボ　『チャンス――成功者がくれた運命の鍵』飛鳥新社　2005年

［著者略歴］

中谷嘉孝（なかたに・よしたか）

1967年香川県小豆島生まれ。ユニークな経営手法で若くして脚光を浴び、Jリーガーやプロ野球選手をはじめとする有名スポーツ選手、元サッカー日本代表監督イビチャ・オシム氏御用達のヘアサロンとして注目を集める。

1996年、ヘアコンテストの全国大会で初出場全国優勝の快挙を達成。2006年、環境省チームマイナス6%主催のステージにて、日本初の「クールビズヘア」を発表。2011年「ミラノコレクション 2011-2012秋冬」にMaxmara（SPORTMAX）のヘアメイクアーティストとして参加。2012年には素人が絶対に勝てないという飲食業界に進出し、「極濃つけ麺 プルプル55」や日夜大行列のできる店「本気の焼豚 プルプル食堂」をプロデュース。わずか1年で、食べログの浦安ラーメンランキングで1位を記録する。

2015年から3年連続で、自ら手掛けた美容商材「美髪伝説PREMIUM」がモンドセレクション金賞を受賞。2016年には、女性専用アパートメント「麗賓館」事業を立ち上げる。2017年、俳優の大場久美子氏とのコラボサロン「リフレクソロジー和萌憂つぼ」浦安店をプロデュース。2022年、若返りに特化したコスメブランド「A・NO・KO・RO・NO・KI・MI」シリーズの製作販売を開始。

現在は完全会員制サロン「Le.Patch INTERNATIONAL」を経営する傍ら、サロンブランディングの第一人者としてセミナー、テレビ出演など多方面で活躍中。著書に『リピート率90%超！ 小さなお店ひとり勝ちの秘密』『お客を捨てる勇気』（クロスメディア・パブリッシング）などがある。

改訂新版《かいていしんぱん》 リピート率《りつ》90%超《ちょう》！ あの小《ちい》さなお店《みせ》が儲《もう》かり続《つづ》ける理由《りゆう》

2024年6月1日　初版発行
2024年8月8日　第2刷発行

著者　中谷嘉孝

発行者　小早川幸一郎

発行　株式会社クロスメディア・パブリッシング
〒151-0051 東京都渋谷区千駄ヶ谷4-20-3 東栄神宮外苑ビル
https://www.cm-publishing.co.jp
◎本の内容に関するお問い合わせ先：TEL（03）5413-3140／FAX（03）5413-3141

発売　株式会社インプレス
〒101-0051 東京都千代田区神田神保町一丁目105番地
◎乱丁本・落丁本などのお問い合わせ先：FAX（03）6837-5023
service@impress.co.jp
※古書店で購入されたものについてはお取り替えできません

印刷・製本　中央精版印刷株式会社

ISBN978-4-295-40972-4　C2034